JN051360

卒業後の社会参加・自立を目指したキャリア教育の充実

キャリアトレーニング 事例集Ⅱ

# 事務サービス編

# 目　　次

はじめに

編集後記

# は　じ　め　に

全国特別支援学校知的障害教育校長会

会長　尾崎　祐三

　障害のある人の社会参加・自立を支援することは、特別支援教育の理念の一つです。この理念を実現するためには、関係機関が連携・協力して個別の教育支援計画を策定し、就労を通して地域において社会参加ができるようにすることが必要です。同時に、学校教育においても、障害のある人の勤労観、職業観を育成するキャリア教育の充実が大切なこととなります。

　今回、公表された特別支援学校高等部学習指導要領では、教育課程の編成・実施に当たって配慮すべき事項で「職業教育に関する配慮」が述べられている中で、はじめてキャリア教育という言葉が使われています。このように、これからの特別支援学校の高等部においては、地域や学校の実態、生徒の特性、進路等を考慮し、キャリア教育を推進することが重要になってきます。そのためには、地域及び産業界と連携を図り、就業体験の機会を積極的に設ける必要があります。

　一方、日本の産業界の構造が変化してきており、現在、「流通・サービス」「家政」「福祉」に関わる産業が増えてきています。これらの産業の中には、事務サービスに関わる仕事が多くあります。生徒の中には、実際に事務サービスに関わる就業体験をしたり、現場実習を経験したりして、その後、就職している生徒もいます。事務サービスに関わる業界では、この種のキャリアトレーニングを積んだ人材を求めています。

　そこで、全国特別支援学校知的障害教育校長会では、職業教育やキャリア教育の充実を図るために、また、生徒の実習や就職につながる職業教育の充実に資するために、昨年度キャリアトレーニング事例集Ⅰ「ビルクリーニング編」を発行しました。今年度は事例集Ⅱとして「事務サービス編」を作成し、全国に発信することとしました。各学校においては、本書が十分活用され、事務サービスに関連する実践的なキャリア教育が展開されることを期待します。

　本書の編集にあたりましては、東洋大学教授の宮﨑英憲先生にご指導を賜るとともに、東京都立しいの木特別支援学校堀内省剛校長をはじめ、全国の特別支援学校の関係者や関係機関のご協力をいただいたことに心より感謝申し上げます。

# キャリアトレーニング
# に関する論説

これからの特別支援学校高等部におけるキャリア教育

特別支援学校高等部にのぞむキャリア教育

職場における業務（事務サービス）の実際

# これからの特別支援学校高等部におけるキャリア教育

東洋大学文学部教授　宮﨑　英憲

## はじめに

　「キャリア教育」とは、子ども一人一人のキャリア発達を支援し、それぞれの段階ごとにふさわしいキャリアを形成していくために必要な意欲・態度や能力を育てる教育であると言えます。端的には、「子どもの勤労観、職業観を育てる教育」と言えるでしょう。キャリア教育を進めるにあたっては、職業教育や進路指導等との関連を考慮しつつ、子どもが自分の将来の生活において自己実現を図り、主体的な生き方ができるような適切な価値観や態度、能力を育む必要があります。特別支援学校におけるキャリア教育の推進にあたっても、小学部、中学部、高等部それぞれの段階において、子どもの発達段階に応じた組織的、系統的なキャリア教育を関係機関と連携しながら推進していくことが必要になります。特別支援教育の理念である「ノーマライゼーション」や「共生社会」の実現に向け、障害のある児童・生徒の勤労観・職業観を育てるキャリア教育の推進はきわめて重要な意義をもちます。

## 新学習指導要領へのキャリア教育の位置づけ

　中央教育審議会は、平成20年1月に「幼稚園、小学校、中学校、高等学校及び特別支援学校の学習指導要領等の改善について（答申）」を公表しました（以下、答申とします）。答申では、キャリア教育について、「7．教育内容に関する主な改善事項」の「（7）社会の変化への対応の観点から教科等を横断して改善すべき事項」の1つとして、次のように述べています。

　今回の学習指導要領改訂のキーワードである「生きる力」という考え方は、社会において子どもたちに必要となる力をまず明確にし、そこから教育の在り方を改善するという視点を重視していること。そして「将来子どもたちが直面するであろう様々な課題に柔軟かつたくましく対応し、社会人・職業人として自立していくためには、子どもたち一人一人の勤労観・職業観を育てるキャリア教育を充実することが必要である」と、その意義と必要性を強調しています。

　具体的に、例えば、・特別活動における望ましい勤労観・職業観の育成の重視、・総合的な学習の時間、社会科、特別活動における、小学校での職場見学、中学校での職場体験学習、高等学校での就業体験活動等を通じた体系的な指導の推進、などを図る必要があるとしています。

　また、「7．教育内容に関する主な改善事項」の「（5）体験活動の充実」で、子どもたちの発達段階に応じた体験活動について、小学校の時期には、身近な学校の仲間とのかかわりを深めたりする自然の中での集団宿泊活動を、進路を自分の問題として考え始める中学校の時期には、職場での体験を通して社会の在り方を垣間見ることにより、勤労観・職業観をはぐくむ職場体験活動を、そして、自分と他者や社会との関係について考え始める高校の時期においては、自分の将来展望や社会における自分の役割について考えを深めることが期待できる奉仕体験活

動や就業体験活動を重点的に推進することを求め、「特に、職場体験活動や就業体験活動は、キャリア教育の視点からも重要な役割を果たしているものである」としています。

　こうした答申におけるキャリア教育の視点は、当然のことながら、特別支援学校の学習指導要領にも反映されています。

## 特別支援学校高等部学習指導要領へのキャリア教育の位置づけ

　今次の特別支援学校高等部学習指導要領の中で、「第1章　総則　第2節　教育課程の編成　第4款　教育課程の編成・実施に当たって配慮すべき事項」で、初めてキャリア教育の推進について触れています。具体的には、以下の通りです。

　4　職業教育に関して配慮すべき事項

（3）学校においては、キャリア教育を推進するために、地域や学校の実態、生徒の特性、進路等を考慮し、地域及び産業界や労働等の業務を行う関係機関との連携を図り、産業現場等における長期間の実習を取り入れるなど就業体験の機会を積極的に設けるとともに、地域や産業界等の人々の協力を積極的に得るよう配慮するものとする。

　5　教育課程の実施等に当たって配慮すべき事項

（6）生徒が自己の在り方生き方を考え、主体的に進路を選択することができるよう、校内の組織体制を整備し、教師間の相互の連携を図りながら、学校の教育活動全体を通じ、計画的、組織的な進路指導を行い、キャリア教育を推進すること。その際、家庭及び地域や福祉、労働等の業務を行う関係機関との連携を十分に図ること。

　職業教育及びキャリア教育においては、常に社会の変化や時代の進展、就業状況などを踏まえつつ、関係機関や企業関係者などとの連携を図り、進路指導の充実を図ることの必要性が指摘されています。そのため、この高等部学習指導要領では、職業に関する各教科・科目については、次の事項に配慮することなどが述べられています。

- 高等部の専門教科については、社会の変化や時代の進展、近年の障害者の就業状況などを踏まえ、必要な見直しを行う。
- 職業に関する教科については、現場実習等の体験的な学習を一層重視すること、地域や産業界との連携を図り、企業関係者など外部の専門家を積極的に活用することを明確にする。
- 進路指導に当たっては、関係機関との連携を図りながら、生徒が自分に合った進路を主体的に選択できるよう、早い段階からの進路指導を充実する。

　また、知的障害特別支援学校の高等部の各教科について見てみると、生徒の実態や卒業後の就労の状況等を踏まえた職業教育を一層進める観点から、福祉に関する基礎的・基本的な内容で構成する新たな専門教科として『福祉』が新設されました。

　こうした勤労観・職業観の育成や職業教育の充実についての強調は、今回の学習指導要領改訂に始まったことではありません。例えば、平成8年3月「盲学校、聾学校及び養護学校の高等部における職業教育の在り方について（報告）」では、「早期からの系統的な指導を行い、職業教育を充実していく」ことや「生徒が自己の将来や社会の一員としての自分の果たす役割な

どについて考え、主体的に進路を選択・決定していくことのできるようにするため、体験的な学習を一層充実するなど、学校生活全般を通して、望ましい職業観、勤労観、職業人としての素養の育成に努める」などと、重要な指摘がされています。

　今日、特別支援教育において改めて、児童・生徒の勤労観・職業観を育てる職業教育・キャリア教育が注目されていることは、これまでの職業教育や進路指導等の実践を見直し、その意義を確かめ、より一層充実させていくことが求められているからに他ならず、各学校でのこれからの実践の充実が期待されています。

## 地域や企業等と連携して進めるキャリア教育　―事務サービスの実践例から―

　特別支援学校では、高等部生徒が自分の課題をしっかりと受けとめるための進路学習等を進めるとともに、作業学習や進路先見学会等を通じて働くことの意味や社会の仕組み、自己と社会の関係を理解できるような具体的な学習を進めてきたと言えます。また、現場実習等の体験を通して、より現実的な自分の進路先への見通しをもたせることで進路選択・決定に結びつけてきました。生徒は、こうした体験を通して日常の学習活動や生活態度を大きく変化させていきます。今、学習していることが将来どのように役立つのかといった発見や自覚が、日頃の学習に対する姿勢や意欲の改善につながり、そのことが更なる新たな発見やより深い自覚に結びついていくと考えられます。

　ところで、キャリア教育の取組みにおいては、社会の仕組みや自己と社会の関係を理解できるようにすることが必要です。このために、学校だけでの実践ではなく、不断に地域や企業、関係諸機関との連携協力の必要性が求められます。知的障害特別支援学校においては、職業教育の中心として作業学習が位置づけられています。

　近年、知的障害特別支援学校高等部生徒の就労先での仕事内容として事務系業務に従事する者の割合が急速に拡大しています。こうした動きに対応するために、従来の作業種目に加えて、メールの仕分け作業、データ入力、書類の整理やファイリング、廃棄文書の処理、書類等のコピー、伝票照合・整理、紙文書の電子データ化、DM・書類等の封入・発送などといった事務サービスに関する内容をもつ作業を作り出し、新たな作業種として取り組む学校が増えてきています。しかし、各学校の取組みを見ると、「事務サービス班」で恒常的に作業内容を作り出すことや作業内容の整理・統合といったこと、この作業班で生徒にどのような力をつけるのかといった評価の問題や、さらには企業との連携の仕組み等、課題も山積しているのが現状と言えます。

　こうした現状に対応するため、「キャリアトレーニング事例集Ⅱ」の第2巻目として、「事務サービス」を取り扱うことになりました。この事例集では、7校の実践事例を取り上げ、メール（DM作業）関係の事例、文書入力（データ入力）の事例、輸送・在庫管理（ピッキング・在庫管理）の事例、書籍の製本と事務的活動等の事例など、各校の取組みが、極めて簡潔かつ要領よく、作業の特性や活動の展開が一目で理解できるまでに整理して報告されています。

　この事例集が、各特別支援学校で活用され、事務サービスのモデルとして、生徒キャリア発達に資するとともに生徒の可能性の発見や意欲向上に貢献できることを期待しています。

# 特別支援学校高等部にのぞむキャリア教育

横河電機株式会社　ＣＳＲ推進本部　社会貢献室　箕輪　優子
（文部科学省中央教育審議会初等中等教育分科会教育課程部会 特別支援教育専門部会　委員）

## はじめに

　皆さんはどのようなことをイメージしながら「キャリア」という言葉を使っていますか？

　「Career」を英和辞書でひくと「一生の経歴」「生涯」「履歴」「生活手段」などに訳されていますが、「人の生活や生き方、生きがいなどを含めた仕事を中心とした人生」や「働くことにまつわる自由時間、余暇、学習、家族との活動などを含んだ、個人の生涯にわたるライフスタイルの過程」と書かれた本もあります。

　このように幅広い意味を持つ「キャリア」の中で、例えば「職業的自立」を目指す授業を考えてみてください。

　「○○の資格を取る」など短期的に捉えている方もいらっしゃるかもしれません。確かに、資格を取ることはキャリアの１つになりますが、資格を取ったことが就職に直結するとは限りません。

　生徒の「職業的自立」を目指すには、まず、生徒の「就労意欲」を育てることが重要です。「就労意欲」がなく、「どうして働かなくてはならないのか」というネガティブな考えでは、いくら技術や資格を習得し、就職できても、すぐに離職してしまう可能性すらあります。

　では、産業構造の変化などによってサラリーマンの家庭が増え、仕事や職業を身近に感じる機会が少なくなったことで、日常生活の中で自然に将来のことをイメージしたり、夢を描いたりすることがとても難しくなった現代社会において、どのようにして生徒の「就労意欲」を育てたら良いのでしょうか。

　まずは仕事や働くことに対する意識づけとあわせて、様々な経験を積む機会をつくることが重要です。例えば生徒自身が「どのような社会人になりたいのか、社会でどのように役に立ちたいか、どのような人生を送りたいか」という生涯にわたる進路を考える機会を適切に提供した上で生徒自身に目標を設定させ、その目標に応じた能力を身につけていくことを支援することなどが考えられると思います。

　これらの点を充分に理解した上で、職業的自立を促すための「キャリア教育」に取り組んでいくことが大切です。

　私はこれまで全国各地の特別支援学校の「作業学習」を見てきましたが、「キャリア教育」の手段の１つである「作業学習」について、この学習によって生徒にどのように成長してほしいのか、具体的な目標が設定されている授業とそうでない授業とでは、生徒の成長に大きな差が生じていると感じています。

また、学校と地域社会とのギャップを埋めるために常に授業を公開し、企業、就労支援事業者、地域住民とともに授業改善に取り組み、従来の「木工」「農業」「窯業」「織物」などの作業種だけでなく、「事務」「物流」「接客」「食品加工」「清掃」「リサイクル」など地域の求人ニーズに合った作業種を導入する学校が増えています。作業種の見直しだけでなく、仕事に必要な「品質」「納期」「コスト」を意識した授業へと日々改善することが、生徒の職業的自立を促し、卒業時の就職や職場定着につながるのではないでしょうか。

　以下、知的発達に障害のある社員を中心に雇用している横河ファウンドリー㈱の採用・社員教育の事例を通して、改めて「キャリア教育」とは何かを自己に問いかけてみてください。

## □採用にあたっての基本的な考え方

　業務に必要なスキルや適性（可能性）とあわせて、「自立・自律している」「チャレンジ精神が旺盛」「就業意欲がある」「一般常識（あいさつ、ルール、服装等）が身についている」方を採用しています。

## □適性試験

　障害の有無にかかわらず、その職務を遂行する上で必要な基礎能力を分析し、得意分野（顕在能力と潜在能力）を見つけることを目的に実施しています。

## □人財育成について

　ポイントは、充分なコミュニケーションです。

　社員の成長を促すために、月に1度フォローアップ研修を行っています。きっかけは、横河ファウンドリー㈱設立当時の社員のほとんどが、入社時点で自信を喪失していたからです。原因は、入社前の職歴で、長期間にわたり同じ内容の簡単な仕事だけをし続けてきたため、自分には能力がないと思い込んでしまったケース。失敗をした際にやり直しをさせてもらえず、失敗体験だけが積み重なってしまったケース。これらの経験から自信を失い、心に深い傷を負ってしまったようです。

　入社後「できるようになったこと」を定期的に振り返ることで、自己の長所や成長し続けていることに気づき、自信を取り戻し、将来に向けてのチャレンジ精神も生まれました。2008年度は、お客様、品質、納期などを意識することをテーマに月次研修を実施しました。品質や納期という言葉を知らずに入社した社員がほとんどでしたが、具体的に自分の仕事にあてはめて品質を考えることで意識できるようになりました。

　それぞれ重要な任務を担っていることを実感してもらうために、製品の納品先であるお客様の工場を訪問し、自分たちがつくった製品がどのように使われているのかを見せていただく機会をつくりましたが、お客様から真に必要とされていることを実感でき、自尊心や責任感も大きく育ちました。

　障害の有無にかかわらず、年に1度「これまでにどのような仕事をしてきたのか」「何がで

きるようになったのか」などを考える"キャリア（経験）の棚卸"を行っています。その上で「新たにチャレンジしてみたいこと」など、より高い目標を設定していきます。自信がつくと自分自身を前向きに受け止めることができるようになり、同僚の長所を認め合い、皆で補完しあうような組織に成長していきます。

　障害のある部下の「良いところ＝強み」に常に目を向けている上司と、「うまくいかないところ＝弱み」に目が向いてしまう上司とでは、人を育てる力に大きな差が出ます。社員が成長し続けるためには、定期的かつ継続的に様々なチャンスをつくる必要があります。そして、社員一人ひとりの成長が会社の発展につながるのです。


## □配　属（ローテーション）

　経験の少ない社員が多いので、多種多様な仕事を担当してもらいながら、多くの適性を見つけるようにしています。基本的には社員のチャレンジ精神を尊重しますが、適性があると判断した仕事でも伸び悩むことがありますので、その都度最適な仕事に就けるよう心がけています。育てる側の限界により、障害のある社員の成長が止まってしまうこともありますので、育てる側の指示が適切か、教育カリキュラムが妥当か、適性の見極めに誤りはないかなどをチェックする必要もあります。


## □入社後できるようになったこと

　知的に障害のある社員が、教員や支援者に「できない」と言われていたことでも、入社後に「できるようになった」社会人として求められる基礎的な力がたくさんあります。

　例えば「自分で考える」こと。職場で意見を求めた時に、「特にない」「どちらでもいい」という回答は認めずに自分の言葉で意見が言えるまで待つと、きちんと考えるようになります。入社前までは、考えるのに時間がかかると、「○○さんは～だと思っているのですね」と誰かが代わりに意見を述べてしまい、考えたり発言したりするチャンスを常に奪われてしまうという辛い経験をしてきたケースも少なくないようです。

　そして「自分の意見や考えを伝える」こと。話が長くなりがちな社員には「１番言いたいことを最初に話す」という習慣をつけたり、５Ｗ１Ｈの手法を活用したりすることを教えます。あわせて、自分の話したことを相手に復唱してもらうなど、相手に正しく伝わったのかを確認することもできるようになります。

　そして「ルールを守る」ということ。残念なことに、社会のルールを知らされずに大人になったケースもあるようです。ルール違反をしても、誰かが代わりに謝ってしまったのでは、ルールそのものや違反したことを知ることができません。ルールを知らなければ守れるはずがありません。ルールがわかっているのに守れなかった場合には必ず理由があるので、社員の深層心理を探ることが重要です。また、事の重大さを伝え、自分の行動について振り返ってもらい、さらに、行動を改め仕事を続けるのか、それとも会社を辞めて社会のルールを無視して生きていくのかを選択をしてもらいます。もちろん、社員は仕事を続けることを選択しています。

## □仕事環境と職業能力発揮との関係

　社員の職業能力を最大限活かすためには、仕事環境を整備することも重要です。仕事の進め方や設備など、とくに問題がなくても「どうして今までこのようなやり方をしていたのか」「やり方を変えてみたらどうなるか」などの疑問をもってみることで、より良い環境を整備することができます。

　手作業からパソコン操作に作業環境が変化したことで一定の品質を保持するとともに、仕事の効率が大幅にアップした社員や、場面によってはマイナスともとられる"こだわりの強さ"が、パソコンを使ってデータを入力する仕事や入力後のチェック（間違い探し）では正確な仕事をすることにつながり、"強み"として高く評価されている社員もいます。

　現代社会においてパソコンは、職場に限らず日常生活の中でも一般的なものとなっており、学校の一般教科でも児童・生徒がパソコンを使う機会が増えてきています。しかし、残念ながら「知的障害のある生徒がパソコンを使う仕事に就くのは難しい」と誤解され、パソコンに触らせてさえもらえないという学校もあるようです。

　職種にかかわらず、手作業からパソコンを活用するように改善されることで、誰にとってもわかり易く、効率的で、ミスも起こりにくい環境が整備されます。また、入力業務には曖昧さがないため、業務の指示を出す側にとっては指示し易く、指示を受ける側にとっても理解し易い仕事の１つと言えます。

　どのような作業でも、工程を分析し、「ムリ、ムダ、ムラ」を省き、より成果が出せる環境へと改善することによって、障害の有無にかかわらず誰にとってもわかり易く、効率的で、ミスも起こりにくい環境が整備されます。「働けない」と評価されていた方が、作業環境を改善した結果、持っている職業能力を最大限発揮できるようになり、会社にとってなくてはならい「戦力」にもなり得ます。このように、上司の「作業環境改善力」が、障害のある部下の「職業能力発揮度」に与える影響は大きいのです。

　「障害のある方を雇用することによって、効率や品質が落ちる」と誤解している人もいるかもしれませんが、雇用することをきっかけに「当たり前」のことを抜本的に見直すことで、業務効率がアップし、お客様の満足度も上がり、利益を生み出すことが現実的に可能なのです。


## □評　価（昇給／昇格）

　常に高い目標を目指し、目標をクリアすれば昇給していくので、評価と給料の関係は社員一人ひとりが理解しています。評価基準を明確にし、社員にオープンにした上で、具体的な目標を設定し、作業環境がベストな状況下において成果を客観的に評価します。それらを社員が理解できるように伝えることが重要です。

　障害のある社員が成長し続けるためには、育てる側が以下のことを常に振り返ることが必要不可欠です。

　①障害のある方の「働く力」を正当に評価しているか

　②能力の限界を一時的な場面や状況で判断していないか

③成果が出ないのは、育てる側の限界なのではないか

④「障害」をうまくいかないことの言い訳にしていないか

⑤相手が理解できるよう伝え、相手が何を言わんとしているかを正しく理解できているか

⑥一人ひとりを、まず「どのような障害か」と当てはめてしまい、個人を見失っていないか

⑦初心者であることへの配慮をしているか

⑧長所を見つけ、伸ばそうと努力しているか

## おわりに

　学校の廊下で、生徒、保護者、外部のお客様などとすれ違うときに、先生が元気よくあいさつをしている学校では、生徒もしっかりあいさつができます。社会人として求められることに「あいさつ」「言葉遣い」「身だしなみ」「ルールを守る」などがありますが、これらは授業で学習することよりも、日頃の先生方の言動の影響の方が大きいのではないでしょうか。

　就職に向けて、企業の就業時間とのギャップがないよう、一日を通して作業学習をする学校が多くなりましたが、「生徒が疲れてしまう」「生徒の集中力が続かない」などを理由に、半日で作業学習を終わらせてしまう学校もあるようです。フルタイムの勤務に耐えられないのは、本当に「障害」が理由なのでしょうか。

　無限の可能性を秘めている生徒たちの「就労意欲」や「職業観」を養うには、学校だけでなく、家庭や地域社会全体で、様々な社会体験を継続して実施する必要があります。地域の企業を就職先として捉えるだけでなく、生徒がキャリアを積むための一翼を担う仲間として目を向け、地域のネットワークの中で、生徒の職業自立を促す「キャリア教育」に取り組んでいただくことを期待いたします。

# 職場における業務（事務サービス）の実際

東京都教育庁都立学校教育部特別支援教育課　指導主事　緒方　直彦

## 知的障害者の雇用現場における事務系業務の取組み

　近年、共生社会の実現に向け、障害者の資格・免許の取得などの欠格条項の見直しや特例子会社の設置、知的障害者の雇用促進及び職業生活の安定を図るジョブコーチの導入、障害者雇用率の改善等が行われ、障害のある人たちの社会参加の機会が拡充されています。

　このような背景の中、知的障害者雇用の移り変わりを見ると、製造業が中心であった状況から産業構造等の変化とともにサービス産業を中心とした状況へと変化し、新たに事務系業務の取組みも知的障害者雇用において広がってきました。事務系業務が広がってきた理由として、企業における知的障害者に関する理解の深化とともに、知的障害者雇用におけるノウハウの蓄積からの職域開発並びに知的障害特別支援学校での事務系業務と関連した職業教育の充実やそのことに伴い知的障害者本人が事務系業務を希望すること等が挙げられます。

## 知的障害特別支援学校の生徒の進路状況から

　知的障害者の雇用現場における事務系業務の広がりは、知的障害特別支援学校の生徒の進路状況からも明らかです。東京都立知的障害特別支援学校生徒の進路先動向では、事務系業務への就労人数は、平成14年（9人）から19年（75人）の5年間で約8倍になっています。さらに、知的障害特別支援学校の生徒が携わる事務系業務については、以前は、「データ入力」「書類のファイリング」「メールの仕分け」「廃棄文書処理（シュレッダー）」「書類等のコピー」が中心でしたが、最近はそれらの業務に加えて「伝票照合・整理」「紙文書の電子データ化」「DM・書類等の封入・発送」「印刷」等の業務も見られ、作業内容も多様化している状況があります。

## 具体的な取組み

　企業等で取り組まれている事務系業務に関する概要と求められる力・態度等を紹介します。

□事例1　簡易文書作成及びデータ入力に関する業務について

**業務の概要**　社内の定型的な業務を集約して、パソコンを使っての簡易文書や納入書等の作成及び顧客データ等の入力を知的障害者が行う取組みも広がってきています。また、各企業等における業務ソフトの開発も進められており、知的障害者が、間違えることなく業務が進められるような環境の改善が図られています。具体的には、入力部分以外にデータを入れ込むことがないようにロックをかける等の簡易的配慮から、パソコン作業をスムーズに行えるようにキーボードやマウスを使わずに、画面を直接指で触れるタッチパネルシステムやバーコードシステムを開発するなどの取組みが見られます。さらに、入力するデータが記載されてある伝票等の書類を分かりやすい形式に改善するなどの工夫も行われています。

**求められる力・態度等**　パソコンを活用しての文書作成等の業務は、様々な工夫がなされておりマニュアル化もされています。業務に取り組む上では、マニュアルに沿って正確に業務を行う態度が求められます。また、パソコンの基本的操作方法を身につけておくことや業務に頻繁に使われる漢字や数字、アルファベット等を理解すること、ミスがないように自分自身で出来上がった文書等を確認する力や態度も必要となります。このような力や態度を特別支援学校では教科や作業学習等の学習において指導することが求められています。

## □事例2　社内メールや郵便物の仕分け・文書発送に関する業務について

**業務の概要**　企業の支店や部署からの郵便物や社内メールの仕分け・発送業務も多くの企業で取り組まれています。所定の場所に設けられた文書交換棚に、大量の郵便物等を仕分けし、決められた時間に各部署へ配送する作業が行われます。企業によって様々ですが、文書交換棚をフロアや部署ごとに色分けしたり、ナンバーリングしたりするなど、仕分けや配送する際にミスが少なくなるような工夫が図られています。また、各部署における文書の発送作業等では、封筒や宛名ラベル・発送する文書等を準備すること、必要な文書を指示された数だけ封入すること、配送先ごとに梱包することが一連の業務として行われます。企業においては、人材とともにスペースも貴重な資産であり、省スペース・少人数で業務を行うことも図られています。さらに、企業によっては、データ入力や印刷等の業務と併せて一連の業務としている場合もあります。

**求められる力・態度等**　仕分けや発送作業では、大量の社内メールや郵便物等を扱うため、正確さとともにスピードも要求されます。また、発送業務では、業務環境が雑然としていると、間違いが生じやすくなるため、常に整理・整頓することが求められます。社内メールの配送作業では、配送ルートを確認して、安全に移動することも大切です。さらに、データ入力や印刷等の業務と併せて一連の業務としている場合、他の業務に必要な力や態度も求められます。

## □事例3　廃棄文書処理に関する業務

**業務の概要**　企業等において、文書の適切な管理及び廃棄は重要な業務です。業務自体は単純であることから、知的障害者の事務系の業務として取り入れている企業も増えてきています。また、個人情報の保護が重視される中、間違いなく作業を遂行するための環境整備やマニュアル化が図られています。具体的な業務としては、各部署から出される廃棄文書（指定されたダンボールに入れてある）を回収し、必要に応じて用紙サイズごとに仕分けをしたり、ステイプラ等の混入物がないかを確認したりします。そして、所定の場所で、大型のシュレッダー等を使って裁断作業を行います。最後に裁断されたものが入ったゴミ袋を所定の場所に移動しますが、資源節約のためにゴミ袋に隙間無く詰められるように作業することが求められています。

**求められる力・態度等**　廃棄文書処理業務では、個人情報の保護に関する意識をもつことが求められます。主なポイントとして以下の内容が挙げられます。企業においては、様々な業務

遂行上の規則やきまりがありますが、個人情報の保護については、これから特に注意する必要があり、それらの規則やきまりを遵守して業務を遂行することが大切です。

---

**【廃棄文書処理のポイント】**

①文書等を回収する際に落とさない

②ホッチキスをはずすときやシュレッダーにかけるときに内容を読まない

③廃棄文書についての内容を人に話さない

④廃棄文書を持ち帰らない（社外に出さない）

---

## □事例4　その他（名刺等の印刷及び書類管理等）

**業務の概要**　その他の事務系業務としては、印刷業務や書類管理業務等が挙げられます。印刷業務は、社員の名刺等の印刷だけでなく、各種資料の製本作業までその内容は様々です。名刺印刷では、大量の印刷を行うことになりますが、企業によっては、受注してから1～2日以内で納品するように、社内サービスの徹底を図っている例もあります。

　書類管理業務では、ファイルの背表紙等の作成、ゴム印等の押印、紙文書をスキャニングして電子データ化するなどの業務があります。特に保険や年金、税金等に関する書類については、一時期に大量に作成する必要もあることから業務に取り入れている企業もあります。

**求められる力・態度等**　印刷業務では、専用の印刷機等を使用して業務に当たります。基本的な機器操作を理解し、マニュアルに沿って業務を進めることが必要です。また、印刷物の印刷状況（印字の濃淡、印刷のずれ等）の確認をすることもあります。見本等を参考にして細かく確認できることも重要です。書類管理作業についても他の業務と同様に、指示された通りに業務を進めることが求められますが、書類を扱う業務の中には、紙を正確に「折り曲げる」「切る」「貼る」等の作業が必ず含まれます。基本的な作業ですが、丁寧かつ正確に行うには、経験がないと難しいものです。これらの作業が正確にできることも必要な力です。

## 知的障害者のキャリアアップの視点から

　企業等で事務系業務を取り組むに当っては、知的障害者個々の適性を考慮して配置するとともに、機器の取扱等に関する研修を実施するなどして、個々のキャリアアップを図る取組みも見られます。

　また、特別支援学校でも、生徒本人の自信につながるために、事務系業務に関連する資格（ワープロ検定、漢字検定等）取得の取組みも進められており、知的障害者のキャリアアップにつながっています。

【参考資料】
「知的障害者のための職場改善に関する好事例集」（平成19年11月独立行政法人高齢・障害者雇用支援機構）
「東京都知的障害特別支援学校就業促進研究協議会調査資料」

# 事務サービスに関する事例

メール関係（DM作業）の事例

文書入力（データ入力）の事例

名刺作成の事例

文書入力（ワープロ検定）の事例

輸送・在庫管理（ピッキング・在庫管理）の事例

文書管理（紙リサイクル等）の事例

図書室書籍の製本及び事務的活動等の事例

# メール関係（DM作業）の事例

香川県立香川中部養護学校

　香川県立香川中部養護学校は、幼稚部14名、小学部64名、中学部91名、高等部119名の大規模校です。過去５年間の高等部卒業後の進路状況をみると、事業所就労者は37.9％を占めています。製造業・食品加工業・リサイクル業など幅広い分野で活躍していますが、ここ数年の傾向として、事務系の業務が、主たる業務（製造や清掃等業務）の前後や合間に「事務補助業務」として組み込まれるケースが増えてきています。

　そこで本校では、香川労働局（19年度卒業生採用）、香川県庁実習（17年度開始）、香川県教育委員会実習（20年度開始）での実際を指標として、本校生徒たちに効果的な事務系業務への支援を行っています。

## ① メール関係（DM作業）の特性と作業の展開

### （1）メール関係業務の実際

　香川労働局や、事業所・特例子会社等で勤務している卒業生が携わっている「事務系業務」や、香川県庁や教育委員会での現場実習の組み立てや結果から考察すると、メール関係（DM作業）業務は、下表１のように状況に応じて設定しやすい業務だと言えます。その業務内容を分類整理すると、次の４点にまとめることができます。

　①メール便の仕分け・配達

　②封入準備・封入・封かん

　③発送先宛名ラベル作成・貼り

　④逓送封筒（リサイクル封筒）づくり

表１　香川県教育委員会での現場実習（抜粋）

| | 作 業 内 容 | 作 業 量（１日） | 時 間 帯 | 備 考 |
|---|---|---|---|---|
| ＊ | 総務課文書ボックスから各課への郵便物等の配達 | １回30分程度（午前と午後） | 10:30～11:00<br>15:00～15:30 | 総　務 |
| | コピー機への用紙補充 | １回10分程度 | 指定なし | 総　務 |
| ＊ | 逓送封筒の作成 | 随　時 | 指定なし | 総　務 |
| ＊ | 各市町への調査票の仕分け、押印、発送など | ２日間程度（11月中旬） | 指定なし | 総　務 |
| | 新聞記事のコピー・切り貼り補助 | 約１時間30分 | 10:00～11:30 | 生涯・文化 |
| ＊ | 逓送封筒の作成 | 15分（毎日ではない） | 随　時 | 生涯・文化 |
| | 片面コピーした用紙の裏面利用の処理 | 15分（用紙の量による） | 随　時 | 生涯・文化 |
| ＊ | 学校用宛名シール貼り | １回２時間程度 | 随　時 | 人権・同和 |
| ＊ | 逓送封筒の作成 | １回１時間程度 | 随　時 | 人権・同和 |

＊メール関係（DM作業）業務

## （2）メール関係業務の役割と効果

　郵送便、逓送便を各課に配達したり、郵送便を封入したりするメール関係業務は、本来の事務業務に携わっている職員の立場から表現すれば、「できるだけ簡素化したい業務」であって、「あまり時間をかけたくない作業」なのですが、意外と手間と時間がかかることが多いのが実情です。

　例えば、発送用のＤＭを準備する場面の中で、次のような展開がありました。

①何百枚もの書類を三つ折にする

②複数種類の書類を順番に重ね、揃える

③方向を確認して封入する

④決まった位置に宛名シールを貼る

⑤封かんする

⑥宛先ごとに必要部数を分け、束にする

　誰がこの①～⑥までの工程を行ったとしても、決して「片手間に…」処理できるものではありません。しかし、各工程それぞれの注意ポイントを整理しながら伝え、見通しや基本的な問題処理等ができるようになるまで関わってもらうことができれば、この業務は、本校の生徒たちにとって、「見通しをもちやすく取り組みやすい」"得意な作業"として位置づけることができるようになります。そして、"期待される業務"に発展していくケースも多いのです。

　実際に、卒業生が勤務している職場からも、香川県庁や教育委員会の実習先からも、メール関係（ＤＭ作業）業務に関して、「彼らの協力はありがたかった」「内容によっては十分に任せることができる」という評価をいただいています。


## （3）作業活動を通して I

```
生徒に対して　→「見通しのもち方」と不安解決の方法を伝える
関係者に対して→「不安の解消」、関わり方のヒントやコツを伝える
```

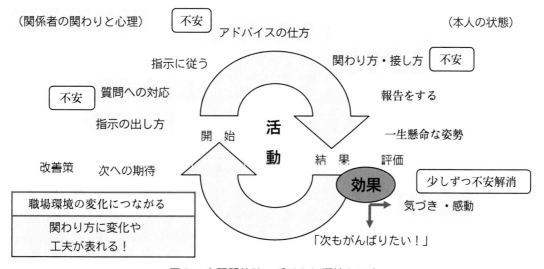

図1　実習開始時の受け入れ環境と不安

# ② 作業の実際と分析

【メール便の仕分け・配達】

## （1）－1　メール便の仕分け（香川県教育委員会実習の場合）

写真1　郵便物の受け取り

総務課でメール便や郵便物を受け取ります。

- 入退室時のあいさつ（声の大きさ・表情）
- 身だしなみ（服装・清潔）
- きびきびとした動作

ポイント

「見られている」という意識や配慮が大切です。

写真2　仕分け

メール便、郵便物を仕分けます。

- ミス無く確実な仕分け（作業の正確さ）
- 手際よい仕分け（作業効率）
- 不明点、不安点の改善

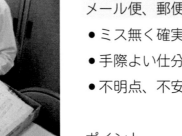

開始時間確認

ポイント

「短時間で確実に」仕分けができるように能率を
高める補助具の工夫が大切です。

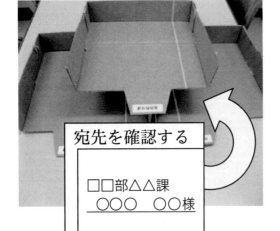

写真3　基本的な仕分け箱の活用

宛先を確認する

□□部△△課
　〇〇〇　〇〇様

補助具の設定の仕方や片付ける場所を覚え、

準備→作業→片付け

までの一連の流れを知ることが大切です。

※郵便物の部数が少ない場合は、自助具（仕分け箱
　等）を設置する必要がないこともあります。

※□□や△△部分の漢字を読み取れない場合は、漢
　字を「型あわせ」することでカバーしますが、漢
　字練習をして、読めるように学習します。

> 例：「関（せき）」という職員に、「関係者各位」「関係者
> 　　様」の書類が全て配られたことがありました。

## （1）－2　メール便の配達

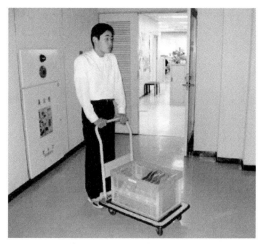

写真4　メール便の配達

メール便、郵便物を各課へ届けます。
- 入退室時のあいさつ（声の大きさ・表情）
- 責任をもった配達
- きびきびとした動作

ポイント

「確実に配達する」ことが重要です。仕分けと
同様に「短時間で確実に」を意識しましょう。
※人とすれ違う時のマナーに気をつけましょう。

写真5　階段室

移動は階段室も利用します。
- エレベーターが混雑する時間帯
- 階段利用の利点

ポイント

階段や廊下を走ってはいけません。必要以上に
「疲れ」を表現しないようにしましょう。
「見られている」という意識や配慮が大切です。

写真6　報告の様子

配達終了報告をします。
- 担当者への報告（声の大きさ・表情）
※不明点や不安点の報告や確認を忘れないようにし
　ましょう。
※用具は元の位置に確実に片付けましょう。

　　　　　　　　　　　　　［ 終了時間確認 ］

ポイント

「報告」＝「終了」を理解しましょう。
※担当者が不在時の対処法を確認しましょう。

　メール便を受け取ったり、配達先で手渡したりする時には必ず「対人」の要素が生じます。もちろん移動中の様子も、複数の目で確認したり評価されたりします。監督者の有無にかかわらず、責任ある行動や、めりはりある行動が評価された場合、職場内での「環境」に変化が生じるようになります。

　この要素は、職業教育の学習を通して、生徒が「正しく理解できる」ように伝え、学校生活場面の中で応用させることが可能です。

19

【封入作業】

## （2）－1　封入準備（香川県庁実習の場合）

写真7　補助具活用

A4用紙を三つ折りにします。

- 長3封筒用の基本的な折り方
- 指示された折り方や方向の確認
- 折り目を汚さない

> ※乾電池やキャップを使うと　きれいに折り目が
> つき、汚れにくい。
> ※押印部分の擦れは要注意です。

内折り　　　　　外折り　　　　　Z折り

順番に重ね、ホッチキスで綴じます。

- 枚数、順番に注意
- 重ねた用紙の揃え方
- 指定された箇所でのホッチキスの綴じ方

ポイント
完成サンプルを準備しておき、不安になった時は、
すぐに確認する事が大切です。

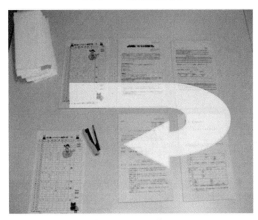

写真8　ページ取り

ゴム印を押印します。

- 押印位置、方向
- ゴム印の丁寧な押印（圧力）
- 乾くまでの並べ方

ポイント
作業スペースはコンパクトに活用しましょう。
準備→作業→片付けまでの一連の流れを知ることが
大切です。封入前に最終確認をしましょう。
※完成サンプルと比較しながら、最終確認をします。
　ミスに気づいた時は、確実に報告する事が大切で
　す。

写真9　ゴム印押印

## （2）－2　封入

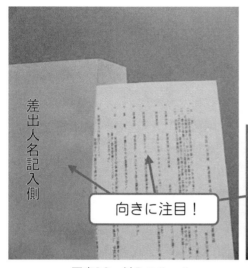

差出人名記入側

向きに注目！

写真10　封入のルール

書類を封入します。

ポイント

完成サンプルを準備しておき、不安になった時は
すぐに確認する事が大切です。

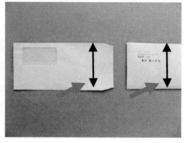

※このタイプは封筒の幅に注意して折りましょう。
　数ミリ狭く折るのがコツです。

## （2）－3　封かん

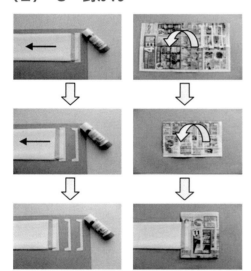

写真11　のりづけの仕方

書類を封かんします。

ポイント

新聞広告や印刷ミスの用紙等を下敷きにして、の
りづけをしましょう。その時に、写真11のように
使うと効率良く仕上がります。

また、広告も無駄なく使うことができます。

※手の汚れに気をつけて、封筒を汚さないようにし
　ましょう

　封入作業は、①準備段階　②封入段階　③仕上げ（封かん）段階　に分けて取り組みます。
①準備段階では、折り方の決まりを守ったり、大きさの違う用紙やはがきを重ねたりすること
もあります。②の段階では、封筒の宛名と準備した用紙の宛名を照らし合わせながら入れてい
かなければならないこともあります。①と②が終了してから③の段階に移ることができれば、
残部が生じた場合でも確認・点検が可能ですが、①②と同時進行しなければならない場合では、
残部が生じないよう確認をしながらの封かん作業になることもあります。0.1ｇ単位の計量器
で誤差を確認して、封入物の不備を見つけ出すという手段も効果的です。

　完成部数によっては、単調な作業が長時間続くこともあり、ポイントをしっかりと意識して
取り組む必要があります。また、完成部数は少ないけれど、折り方や封入内容が次々と変わっ
ていくケースもあります。

【Ａ社（特例子会社）ＤＭ作業の場合】

今回の条件
「2,000部を3時間以内で仕上げる」

重　要

『丁寧に・確実に・早く』

役割分担して対応

４人のうち３名は知的障害者（主業務は清掃業務）、１名は発達障害者（主業務は事務補助業務）
　①封入準備担当
　②封入担当
　③宛名シール貼り担当
　④封かん担当

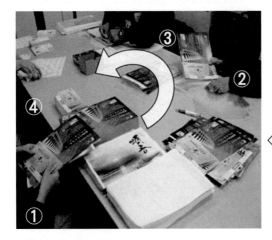

## ①封入準備担当

## ②封入担当

## ③宛名シール貼り担当

「宛名シールを貼るポイントが不安だったから、担当者に質問して教えてもらいました。」

## ④封かん担当

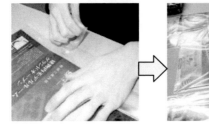  

- 封かん後に100通を数え、束にする。
- 段ボールに詰める。
- 完成数を確認する。

## （3）発送先宛名ラベルの作成

写真12　パソコン入力

発送先データーを入力する。
- 入力ミスの防止
- 手書きツールの活用

ポイント
「正確に」が最優先、焦らず1つ1つ確実に入力しましょう。

　本校卒業生の中で、パソコンでのメール開封や、メール内容を読み取って関係先へ転送する等の業務に携わっているケースはありません。しかし、パソコンを起動させて、既存の発送先データーをシール紙に印刷したり、新たに宛先を追加入力したりすることはあります。

　学校では、職業学科や情報教育、パソコン部（部活動）による基本的なパソコン操作だけでなく、同窓会担当者の協力も得ながら、同窓会名簿の作成や変更・宛名印刷など基礎的な入力練習を通して、「個人情報保護」の重要性についても学習を進めています。

## （4）逓送封筒（リサイクル封筒・社内便封筒）づくり

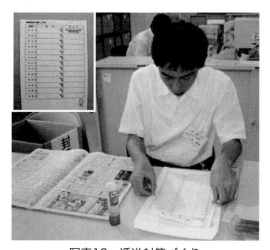

写真13　逓送封筒づくり

使用済み封筒を再利用します。

ポイント
使用頻度が高いので、隅々までしっかりと"のりづけ"しましょう。
指示された業務が早く終わった時などの「余裕がある」時間を見つけて自主的に取り組みましょう。
※「のり」のつけ過ぎにも注意しましょう。

　使用済み封筒の"再利用"は、学校関係機関はもちろん事業所でも「当たり前」のことです。地域や事業所によって再利用封筒の呼び方や利用頻度は異なりますが、一般的には、封筒の前面に「発送先記入表」を貼り、十数回は逓送利用しているようです。

　封筒にその記入表をのりづけする作業は簡単です。写真14の紙袋づくりをするような感覚で、前記した「のりづけの仕方（写真11）」を意識して、仲間同士で声を掛け合いながら、気軽に取り組む自主的な活動が見られるようになってきています。

写真14　紙袋

## （5）業務の記録

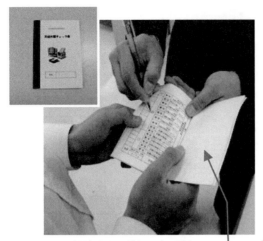

写真15　ポケット手帳

写真16　担当者確認表

職場と学校の担当者だけでなく、複数で情報を共有できるように工夫しています。

> 「作業中に気づいたこと」
> 「アドバイスされたこと」
> などを記録することもできます。

### ポイント

「その時になればできる」ものではありません。メモをとるタイミングや、短時間で要点をまとめて書く練習をしておきましょう。

資料1　現場実習ノート

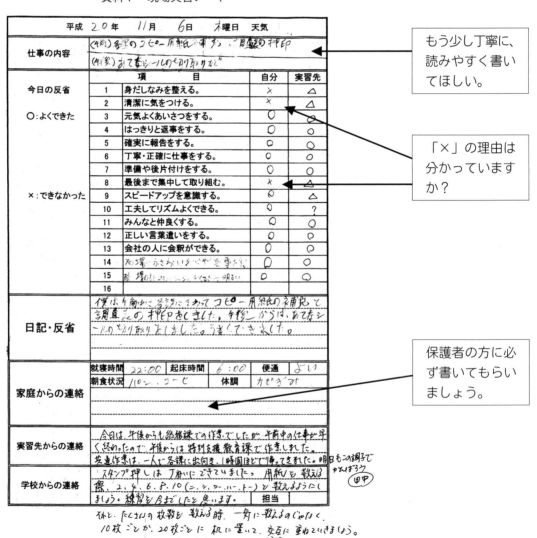

> もう少し丁寧に、読みやすく書いてほしい。

> 「×」の理由は分かっていますか？

> 保護者の方に必ず書いてもらいましょう。

## ③ 指導例の紹介（封入練習）

学年を代表して

①職員室へ配布用プリントを取りに行きます。

□入室あいさつ（声の大きさ・表情）　□用件説明（分かりやすい表現）

□紙数の数え方・所要時間（　　　　　）分　☑10の束の数え方　☑枚数正誤チェック

「1・2・3・4…8・9・10」「2・4・6・8・10」「3・3・4」「5・5」etc.　☑退室の仕方

②各学級用のレターケースに分けて入れます。

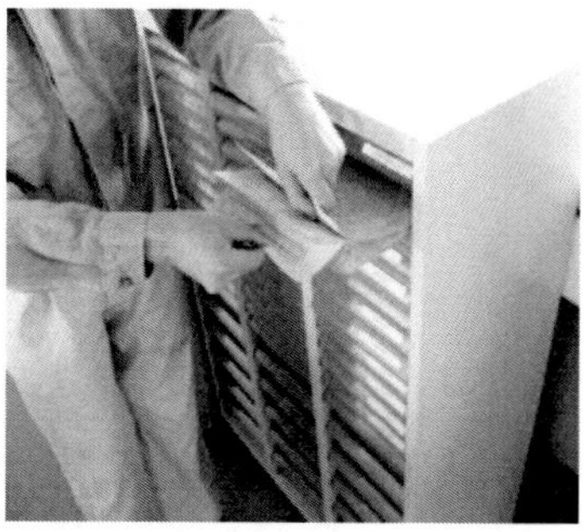

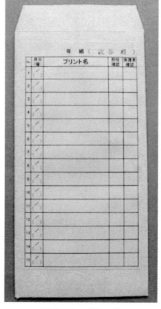

写真17　学級用レターケース

☑必要枚数＝生徒数＋掲示用1枚（机に置かずに数えられるか）

□所要時間（　　　　　）分　☑枚数正誤チェック

学級では

③自分の学級のプリントを取り出し、配ります。

☑役割分担（配布係り）の理解

④各自の記入表に封入する内容を書きます。

□文字の読みやすさ　　□所要時間（　　　　　）分

⑤指示された折り方で用紙を折ります。

☑指示理解　　□完成度　　□所要時間（　　　　　）分

⑥用紙の向きを確認して封入します。

☑指示理解　□所要時間（　　　　　）分

⑦担任の先生にチェックしてもらいましょう。

写真18　記入表

□頼み方（声の大きさ・表情）　　□質問に対する回答（分かりやすい表現）

　自分自身がどのような作業態度や表情をしているか、あいさつや報告時の声の大きさや表情がどうなのか…などをビデオ等で記録し映像を確認すると、「イメージしていた自分」と「映像での自分」との違いに気づくことができます。客観的に"弱点や課題"に気づくこともできます。上記の□チェックに〇が付けば「合格」です。〇印が付かない理由を言葉で説明するだけでなく、ビデオ撮影・視聴を通して、グループで意見を交換し合うのも効果的です。

## 4 成果と課題

### （1）作業活動を通してⅡ

> 本人に対して　→実習を通して「成長した点」を具体的に整理する。
> 関係者に対して→実習結果から「雇用関係を結ぶと仮定した場合」に生じる「今後の課題」
> 　　　　　　　　を整理する。

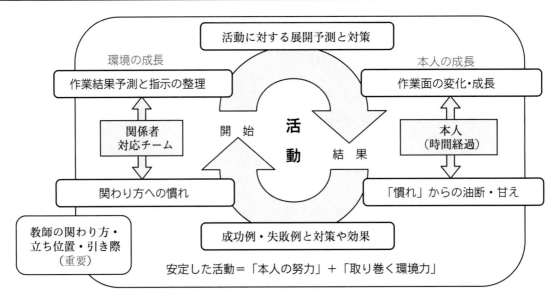

図2　本人の努力を支える「受け入れ環境」

時間の経過とともに、本人はもちろん、職場の受け入れ環境が変化しはじめ、作業面や休憩時の接し方に対する不安も徐々に軽減していきます。しかし、そうなるためには早い段階で、「良い（見える）結果」が欲しいものです。実習生を「初めて受け入れる」現場の場合は特に、一生懸命さや元気さはもちろん、『これもできた！』がキーポイントとなることもあるのです。『…見通しや基本的な問題処理等ができるようになるまで関わってもらうことができれば、本校の生徒たちにとって、「見通しをもちやすく取り組みやすい」"得意な作業"として位置づけることができる』と記しましたが、見通しをもって活動できるようになるまで"関わってもらう…"ことが重要なのです。

　私たち教師はこの点を忘れずに、現場実習での時間経過を構成していかなければなりません。現場実習先で、教師が「転ばぬ先の杖」になり過ぎて、"関わり方や立ち位置、引き際"を勘違いしてしまうと、「教師が近くにいたから成立した活動」になってしまいます。上記図2のような関連性が生じやすいように、予想できるトラブルや、それに対する対応策等を十分に検討し、彼ら自身が活躍できる場面、教師不在でも期待できる場面を、一つでも多く確立させていく必要があります。

　そして今、その結果として、『彼らとの役割（業務）分担ができれば、我々の主業務遂行の効率が良くなる』という声が現場から聞こえ出してきました。

## （2）今後の課題

　今回紹介したメール関係（DM作業）業務も、他の職種の場合と同様に、作業工程を細分化することや、補助具や用具配置の工夫によって、確実に作業効率を高めることができることを確認できました。また、ゆるやかな変化ではありますが、単独行動域の広がりについても確認することができました。

　しかし、メール関係（DM作業）業務の場合、毎日安定した作業内容を準備したり、十分な作業量を確保したりすることが難しく、担当者から指示された作業内容が終了するたびに「終了報告」や「正誤確認」の依頼をしなければならない場面がありました。そのため、担当者は自分の手を止め、その都度対応せざるを得なかったのです。

写真19-1　動線目印の県章

　また、作業内容によっては、関係者だけが利用できる「迷路」のような通路を利用して荷物を運搬しなければならず、実習生がなかなか動線を覚えることができませんでした。そこで、担当者が通過するドアに「目印シールを貼る」という工夫をして対応したというケースもありました。

写真19-2　押印作業

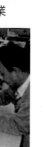

写真19-3　担当者と確認

　実習生が自らの判断で1つでも多くの業務をこなし、作業内容だけでなく活動域が広がれば、担当者も本来の業務に専念する時間を確保しやすいのですが、メール関係（DM作業）業務のほとんどの活動場面において、実習生が単独で取り組めるようになるまでには、本人の努力も当然ですが、担当者を中心とした『本人を取り巻く環境（関係者）の理解と根気』が必要だと言えます。実習生と現場との関係は、教育活動としての体験実習でしたから、「限られた期間の中で一つでも多くの成功体験を」と可能な限りの協力支援が得られました。しかし、「雇用」を模索する活動だったとしたら、期間終了時の結果や評価は違うものになっていたはずです。

　私たちは、メール関係（DM作業）業務で得た情報をヒントにして、学校現場における担当者の「創意工夫」によって、生徒たちが意欲的に取り組み、いつの間にか「力」が身につき向上していく活動を場面設定するとともに、現行の教育カリキュラムや支援体制、授業等を「はたらく」の視点から見つめ直す作業に入っています。そして、学校教育現場で効果があると判断した対策を、現場実習先に伝えながら、「彼らを取り巻く環境」にも影響しあえる関係性を探っています。

写真19-4　工夫例

写真19-5　工夫例

# 文書入力（データ入力）の事例

東京都立七生特別支援学校

　東京都立七生特別支援学校高等部の作業学習は、キャリア教育の主要な実践的学習場面として全学年縦割り6つの作業班を設けています。その一つ「流通サービス班」は、事務系職種やサービス系職種への就労ニーズに応えるために、パソコンを活用した事務処理や流通サービス関連業務を取り入れ、各作業班が作った製品を地域で販売するための在庫管理、宣伝、販売活動などを行っています。

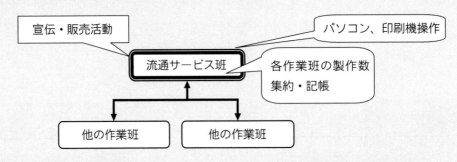

　本稿では、これらの作業のうち、データ入力に限って事例を紹介します。

## ① データ入力作業の特性と作業の展開

### （1）本校におけるデータ入力作業の内容

　本校では、データ入力作業の演習用に独立行政法人高齢・障害者雇用支援機構障害者職業総合センター研究部門作成の「やってみよう！パソコンデータ入力」を使用しています。

　実際の作業としては、販売活動のための作業製作品の在庫管理、学校の行事や研究会などの時に学校から発送する案内状の印刷、住所録データの作成をはじめとした発送実務や各種アンケートの集約実務などを行っています。

### （2）データ入力作業の特性

　データ入力作業は、顧客データ、従業員データ、各種名簿、成績処理、アンケート集約など大量のデータを一定のフォーマットのもとに決まった項目を入力していく作業です。事務系の仕事の中でも、「定型的で繰り返しのある比較的単純な作業」です。

　「定型的で繰り返しのある比較的単純な作業」は従来、製造業における軽作業の中に数多く見られました。このような作業は、「覚えるまでには時間がかかるが一度覚えた事柄は丁寧に繰り返し行うことができる。変化への臨機応変な対応は苦手だが繰り返しのある単純な作業は実直に遂行することができる」という知的障害者の特性（と考えられていた）に合致すると共に、大量生産時代の雇用ニーズにも合致していました。しかし、製造業における多品種小ロッ

ト生産時代に入ると、このような作業は製造業の場面から少なくなってしまいました。

　一方で、これまで知的障害者にはもっとも苦手と考えられていた事務系の職種にも、パソコンなどの情報機器が導入され、上述したように大量のデータを定型的に処理する作業が生まれたことにより、知的障害者にもできる仕事の幅が広がってきました。

　データ入力作業は、「定型的で繰り返しのある比較的単純な作業」であるといっても、文字情報を扱う作業であることから、一定の漢字仮名交じり文やアルファベットの読み書き能力が必須となります。また細かな文字や数字を読み取り、キーボードから正確に入力し、ディスプレイに表示された文字や数字との照合を行う、注意力や手指の巧緻性も要求される作業です。さらに、大量のデータを扱うことになるので、長時間定型的な仕事に取り組む集中力や持続力も大切です。

　データ入力作業で作業者に求められる特性をまとめると以下のようになります。
- 常用漢字程度の漢字の読み能力と教育漢字程度の書き能力
- アルファベットの大文字小文字の対応を含むローマ字判読力
- 細かな文字を追うことのできる視覚と注意力
- 長時間の座り仕事ができる集中力、持続力

　作業学習におけるデータ入力作業は、生徒の上記のような諸能力を育成することが課題となります。なお、パソコンを使用するために、書写能力に課題のある生徒（麻痺のある生徒や書字困難なLDなど）も取り組めますし、漢字の読み書きも、読むことが得意であれば書くことはパソコンの漢字変換辞書がある程度支援してくれるので補償できます。この意味でパソコンは、障害支援機器でもあるのです。

## （3）データ入力作業の展開
### ①練習ツール「やってみよう！パソコンデータ入力」

　平成17年度、独立行政法人高齢・障害者雇用支援機構障害者職業総合センター研究部門の岡田伸一氏らが開発していた「やってみよう！パソコンデータ入力」の試作版の使用評価研究に参加しながら、作業学習に本ツールを取り入れました。本ツールの基本的な操作や特徴については、独立行政法人高齢・障害者雇用支援機構障害者職業総合センターの研究報告書「やってみよう！パソコンデータ入力」の開発―知的障害者のパソコン利用支援ツールの開発に関する研究―（2007年3月）を参照してください。なお、以下のURLからソフトウェアのダウンロードも可能です。

　（http://www.nivr.jeed.or.jp/research/kyouzai/22_nyuryoku.html）

　このツールを用いて、主にはがきアンケートから顧客データを作成する演習を行いました。

### ②各製造系作業班の製品製作数集約・記帳（作業伝票の作成）

　木工、縫工、陶芸、園芸、食品加工の5つの製造系作業班が、作業日にどのくらいの製品を作ったのか調べ、その数を「作業伝票」というファイルに記帳していく作業です。

③作業製作品の在庫管理データの作成

　木工、縫工、陶芸の各班から、製作品を「仕入れ」て「物品出納簿」に記入し在庫管理をしました。地域での販売活動などの後、在庫数を数えてパソコンに入力しました。

④案内状のデータ入力と印刷、封入実務

　学校主催の企業向けセミナーなどの案内状を発送する実務を進路指導部より請け負い、名刺のデータを住所録ソフトに入力する作業を行いました。また、入力した宛名の印刷と封筒への貼り付け、案内状の封入などの一連の事務的作業も行いました。

⑤アンケート集約

　企業向けセミナー参加者からのアンケートの回答をデータとして集約する入力実務を行いました。


## ② 作業の実際

### （１）「やってみよう！パソコンデータ入力Ver２」による演習

　本ツールは、①データ入力実務を体験できる、②データ入力の作業能力を計測できる、③データ入力作業の習熟を図ることができる、という特徴をもったソフトウェアです。そして、「データ入力」の課題として、①アンケートの入力、②顧客伝票のミス修正、③顧客伝票のミスチェックの３課題があります。本校で作業学習に使っている課題は主に①アンケートの入力です。

　この課題では、アンケートカードの記載データを１枚ずつパソコン画面上の入力フォームに入力します。そのアンケートカードは以下の項目から構成されています。

---

①フリガナ
②名　　前
③〒（郵便番号）
④住　　所（郵便番号による住所検索機能が利用可能）
⑤電話番号
⑥メールアドレス
⑦問　１（６者択一の質問、無回答の場合がある）
⑧問　２（３者択一の質問、無回答の場合がある）
⑨問　３（２者択一の質問、無回答の場合がある）

---

　アンケートカードは、印刷されたカードを使うこともできますし、画面上に表示して使うこともできます。

　演習コースでは、一枚ずつ入力チェックのできる「基礎トレーニング」コース、作業枚数と正確さの目標を自分で設定し、進捗状況や残り時間などの表示もできる「レベルアップ」コー

やってみよう！パソコンデータ入力

## アンケート入力

進捗状況
終わった枚数：0枚

NO. 0001
「仕事とパソコン」読者アンケート

フリガナ イシザカ ゼンイチ
● お名前 石坂 善一
● ご住所 329-2924
　栃木県那須塩原市中塩原2-11-1
● 電話番号 0287-18-7919
● メールアドレス
　zi@aa-material.co.jp

● 問1 あなたはこの本を何でお知りになりましたか。
　1. 書店で実物を見て 2. チラシを見て
　③ 書店員に紹介され 4. 学校から紹介されて
　5. 知人に紹介されて 6. その他
● 問2 この本はあなたのお役に立ちましたか。
　1. 役に立った 2. ふつう ③ 期待はずれだった
● 問3 あなたは弊社の出版カタログの送付をご希望され
　☑ 希望する 　□ 希望しない

　　ご回答ありがとうございました

NO. 0001
フリガナ(1)　イシザカ ゼンイチ
名前(2)　石坂 善一
〒(3)　　　　　▽検索(Z)
住所(4)
電話番号(5)
メールアドレス(6)
問1(7)　0.回答なし
問2(8)　○ 1.役に立った　○ 2.ふつう　● 3.期待はずれだった　○ 回答なし
問3(9)　□ 希望する　□ 希望しない

次へ(N)

チェック(A)　　　　　　　　　　中止(C)

ス、一定の時間内でできる所までチャレンジする「実力テスト」の３コースが用意されています。

　「基礎トレーニング」コースでは、一枚入力した時点でチェックボタンを押せば、正解の場合には〇表示（音や文字で知らせるモードもある）、間違い箇所がある場合にはその箇所を表示してくれる機能がついているので、初心者にも学びやすくなっています。

　実際に指導してみて、本演習には上述のデータ入力作業の特性に加えて、次のような学習上の課題が組み込まれているということがわかりました。

①漢字入力と英数半角入力を使い分けるスキルと注意力

　フリガナと名前の項目は漢字入力で行い、〒以下は英数半角入力で行います。

②ローマ字の小文字を読み取る力、メールアドレスへの慣れ

　パソコンのキーボードの表記はすべてローマ字の大文字です。メールアドレスは小文字で表示されることが多いので、小文字と大文字への対応ができることが必要です。また、メールドレスの表記上の特徴にも慣れていくことが大切です。

　本校生徒では、慣れてくると30分間で25枚程度の処理とミス０％が可能になりました。

　「やってみよう！パソコンデータ入力Ver2」は、作業の結果を生徒が自分で確かめることができるように設計されています。「指導者ユーティリティ」という付属ソフトを立ち上げることによって、結果の解析が行えるようになっています。

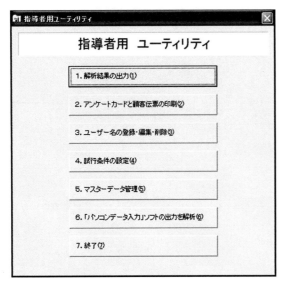

【試行履歴一覧画面】

　選択したユーザー（生徒）がこれまでに行った試行の概要を、課題別ならびに試行時間別に一覧表示する。

　さらに、詳細に試行結果を確認したい試行回を選択して（参照する必要のない試行回のチェックを外す。）「解析結果の表示」ボタンをクリックする。

【正解－入力対照画面】

　「解析結果の表示」は、下図のように、アンケートナンバーごとに、正解と生徒の入力とを対照させて表示される。間違った箇所は、赤く表示されるので、どこをどう間違えたかを確かめることができる。

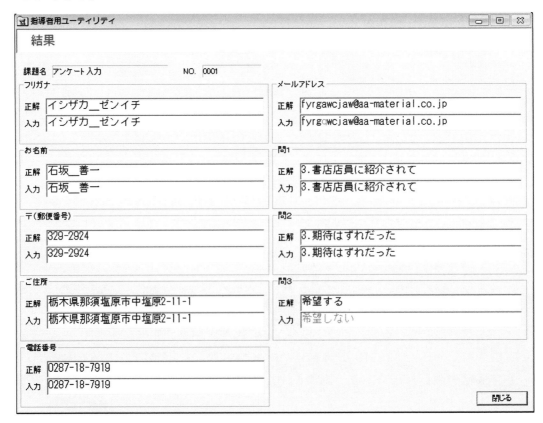

【継時的なグラフ表示】

　何回か継続して作業すると、登録してあるユーザー（生徒）ごとに、作業結果をグラフ表示できる。作業枚数、正解枚数、項目正解率が折れ線グラフで示されるので、演習成果の推移が一目でわかる。

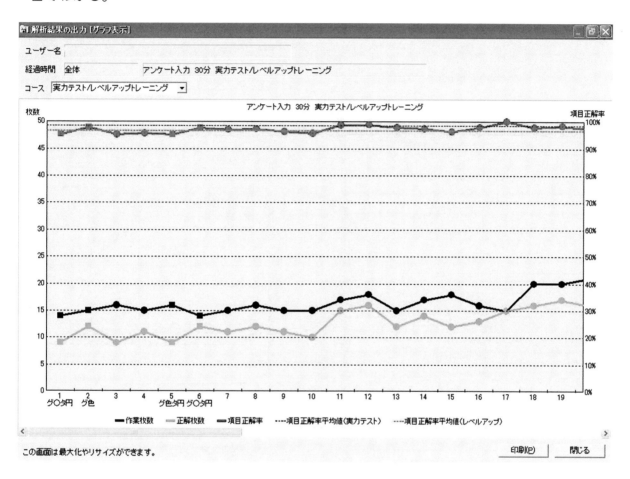

## （2）各製造系作業班の製品製作数集約・記帳（作業伝票の作成）

　「流通サービス班」は、各製造系の作業班が作り出す製品の管理を行う部署でもあります。作業日ごとに、各班の製作状況を「作業伝票」に記入して集約し、それを一括データ化します。

　作業内容は、

　　各班に「作業伝票」を届け、記入してもらう

　　　　　　↓

　　「作業伝票」を回収する

　　　　　　↓

　　回収された伝票をパソコンのデータファイルに書き込む

という一連の作業です。学期の終わりには、各作業班の製作結果をグラフにした報告書を作成し発表しました。

　この作業を行うことで、他の作業班がどのくらいの製造活動をしているのかお互いに知ることができ、作業学習全体としての一体感や改善への意識化を図ることができました。

しかし、製造系作業班の製作過程は、一日で製品が出来上がる食品加工班を除いて、ほとんどの班が長い時間をかけて一つの製品を作るので、作業日ごとに具体的な数値を記入することが必ずしもふさわしくありません。「製作途中数」という記入欄を作りましたが、製造系の作業班にとっては毎回の記入はかなり煩雑なものでした。

＜作業伝票＞

＜学期末の集計グラフ＞

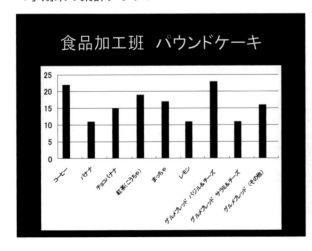

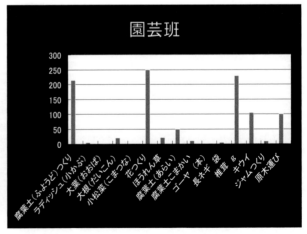

## （3）作業製作品の在庫管理データの作成

　本校では、作業製作品を2か月に一度くらいの頻度で地域に展示販売しています。この販売実務も「流通サービス班」の作業内容になりますが、そのための事務的作業に物品管理があります。

　東京都の特別支援学校や職業学科（コース）のある高校では、作業製作品を販売等で処分した時、その売上を都に戻入するシステムになっているため、物品出納簿を製作品ごとに整備しています。下図は、縫工班の物品出納簿ですが、エコバック、リース、ヨーヨーキルトのカゴ、ティッシュボックスなど製品ごとにExcelのシートに作成している。摘要の「仕入れ」とは、製造作業班から流通サービス班に搬入したことを示しています。「アポロ販売」は、地域の団地広場（アポロ広場）にて展示販売を行った時の売上です。「フリマ販売」は、東京都西部学校経営支援センター主催の所轄高等学校・特別支援学校合同作業製作品展示販売会での売上を示しています。

　この作業では、ある程度のExcel操作の経験が必要になります。そのため、可能な生徒にはExcel操作の基礎的な学習を取り入れています。作業学習だけでは指導時間が十分確保できないので、今後は「情報」や「数学」といった教科での学習とも関連させて指導の充実を図っていく必要があります。

## （4）案内状のデータ入力と印刷、封入実務

　学校には運動会、学習発表会、卒業式などの行事や研究発表会、講演会など、地域関係機関や他の学校に案内状などを送付する機会があります。この際の住所録の作成や印刷、封筒への案内状封入実務などは事務補助作業にとって格好の教材となります。本校では、特に企業向けセミナーの開催に合わせて、進路指導部が名刺で保管してある企業情報を住所録ソフトにデータ入力する作業を行いました。

　住所録ソフトは、当初フリーソフトを使ってみましたが、使い方を覚えるまでが大変だったので、一度覚えれば様々なビジネスシーンで活用できる、汎用性のあるExcelを使っています。

　次ページは、コクヨのラベル用紙に付属するフリーソフト「合わせ名人2（簡易版）」を使っ

た住所録データ入力画面と印刷プレビュー画面です。

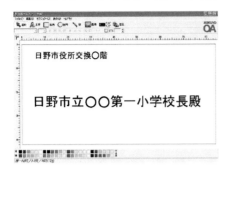

## （5）アンケート集約

　企業向けセミナーや各種講演会などを開催した時に、参加者からアンケートをとることがあります。このアンケートの集約実務は、「やってみよう！パソコンデータ入力Ver 2」による演習で培った力を発揮するにはもってこいの教材です。特に、択一式のアンケートは、セルに数値や記号を入れるだけなので、多くの生徒が取り組むことができます。

　一方で、記述式アンケートの入力はかなり大変です。場合によっては判読困難なくずし字で記入された用紙もあったり、書き手によるくせ字も多かったりします。文字に接する機会が、本やインターネット、ケータイのメールなどばかりになりつつある今日、人の手書き文字に触れる機会は極端に減ってきています。生徒は手書きのアンケート記述を読み取ることに相当苦労していました。

　そこで役に立ったのは、日本語入力システムに付属している手書き入力ツールでした。これは漢字が読めない生徒にも便利なツールですが、書かれてある通りにパッドにマウスで絵のように書いていくと、適当な候補文字を表示してくれるので、前後の文脈から判断してふさわしい漢字を選ぶことで適切な入力が可能になります。

　いずれにせよ、ある程度の行書や草書の知識を教えることや、日頃から手書きの文字にも慣れておくことが必要だと感じます。

## ③ 成果・課題

### （1）流通サービス班設置の目的

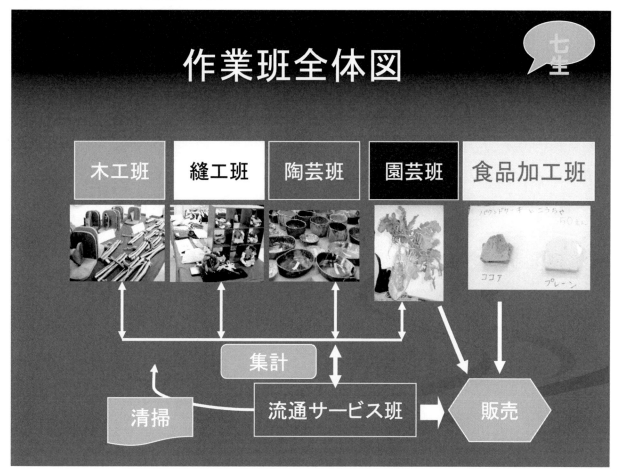

　流通サービス班は、平成18年度より17年度の職業教育充実に関する校内研究を踏まえ、以下のようなねらいで設置された新しい作業班です。

＜設置のねらい＞

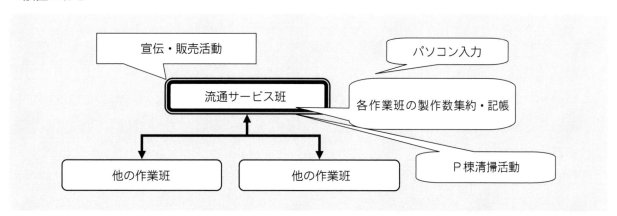

①知的障害者をめぐる就労環境は、事務系職種やサービス系職種へのニーズが高まる傾向にある。こうした変化に対応した作業種を導入し、求められる能力を開発し、生徒の職域拡大を図ること。このために、パソコンを活用した事務処理や、流通サービス関連業務を作業に取

り入れることが必要である。

②より完成度の高い製品を作りだし、販路を確保して、作業学習を現実度の高い活動とすること。このために、製品管理とともに、各作業班が作った製品を販売する。またそのための梱包、宣伝、販路拡大などの活動を行う。

＜活動内容＞
①製品管理：作業日ごとの各作業班の製品製作数の集約と記帳
②宣伝：製品ラベルの作成、ポスター作成、ポスティング等
③製品販売、販売収支の計算と記帳
④清掃活動（ビルメンテナンスの基礎）
　＊このほか、パソコン操作基礎学習やデータ入力演習作業等を行う

　「流通サービス班」の立ち上げに際しては、単にこれまでの作業班と同列の班を一つ付け加えるだけでなく、すべての作業班の有機的な結びつきと活動改善を促進できるような部署としての作業班にできないものかと考えました。作業学習全体が一つの企業体であると見なせば、製造各部門がこれまでの作業班であるとして、新たな作業班は、営業部あるいは総務部的な役割を果たすという発想でした。

**（2）これまでの成果**

　本稿で紹介した「データ入力」作業だけでなく、流通サービス班は、製作品の販売に関する実務、接客態度の演習、ビルメンテナンスの基礎としての床清掃やガラス清掃、事務用品のピッキング作業などにも取り組んできました。かなりの活動内容を詰め込んだ班となりましたが、これは従来の製造中心の作業ではなく、流通サービス系の作業を「作業学習」としてどのように構成できるかという試行を含んでいたからです。

　活動の目的に照らして、この班には企業就労を目指す比較的軽度の生徒を配置しました。それでも、作業が始まる４月当初は、ローマ字を知らない生徒が約半数おり、まずはローマ字の大文字と小文字の対応を学習することからスタートしました。系統的にパソコンのスキルを教える教科「情報」が教育課程に導入された平成20年度以前は、この作業学習の中で、パソコンの操作に関する学習もしなければなりませんでした。そうした中でも、定型のフォーマットがありそこに決まった項目だけを入力すればよい「データ入力」は、比較的簡単な作業であるとも言えます。

　はじめ苦手意識のあったパソコン操作でしたが、生徒たちは「データ入力」によって自信をつけ、WordやExcelといったビジネスツールにも抵抗なく取り組めるようになってきました。初期の頃の作業班希望調査では、ほとんどの生徒が尻込みをしていましたが、今では流通サービス班に入りたいと希望する生徒の割合が圧倒的に高くなっています。また、何よりも「事務なんて無理だろう」という教員の意識が変わりました。

見学に訪れる企業関係者も、生徒の「データ入力」作業の正確さに目を見張っています。過去3年の間に流通サービス班で学んだ生徒のうち、すでに10名が卒業しました（平成21年3月末現在）。そのうち、9名が企業就労、1名が大学進学しました。9名の内訳は、ビルメンテナンス業務3名、小売り業務1名、物流業務1名、食堂業務1名、事務補助業務3名です。食堂業務の1名を除いては、すべて流通サービス班で学んだ作業内容が含まれる職種に就いたことになります。とりわけ、事務補助業務に就いたうちの2名は、作業学習におけるデータ入力などのパソコンスキルが就労の決め手となりました。

　実際の就労には、作業能力だけでなくその他様々な要因が絡み合ってくるので、上述の結果だけを過大評価することはできませんが、キャリアトレーニングとしての作業学習の役割は果たせているのではないかと考えます。

### （3）今後の課題

　キャリアトレーニングとしての文書入力（データ入力）作業学習をより充実させていく上での課題を以下に箇条書きにします。

①データ入力作業の基礎的な演習は、「やってみよう！データ入力Ver 2」で、かなりの成果が挙げられることがわかった。このソフトは、英語版も開発されており、アビリンピック（第30回全国障害者技能競技大会）でも技能競技課題として採用されている。データ入力の正確さと速度、継時的な作業遂行変化などが評価できるので、パソコンを使った事務作業全般の適性評価にも活用できると思われる。

②さらに実践的なデータ入力作業能力を育成するためには、手書きのデータを見て、入力する練習を組み込む必要がある。このために、くずし字などの読み取り学習も必要である。

③データ入力だけでなく、フォーム（シート）作成の基礎も教えておきたい。

　一定のフォームに大量のデータを入力するという業務が、今後も雇用現場に存続するであろうか？　製造現場が大量生産から多品種小ロット生産に移ってきたように、データ管理も目的に応じて様々なフォーマットに少しずつデータを入力する、あるいは大量のデータから必要な項目を選び出して活用するといった使われ方に応じなければならない。そこで必要とされる力は、データの入力だけではなく、フォーム（シート）の作成能力であろう。フォーム（シート）作成の基礎的な手順などを作業分析から明らかにして、生徒にもわかるような教材化を図ることが求められている。

# 名刺作成の事例

山口大学教育学部附属特別支援学校

本校は、山口大学教育学部の附属特別支援学校として、今年で開校30周年を迎えました。高等部の作業学習においては、社会情勢や生徒の実情に応じて、これまでも室内作業の種目を変化させてきました。近年は障害者に対する事務作業の求人募集が増え、本校からそのような業種に就労するケースもあり、また現場実習先からのニーズも高まっています。

そこで本年度より、新たに「OFFICE」という作業班を結成し、生徒の事務作業に関わる知識・技能や意欲・態度を育て、スムーズな就労移行につながっていくような授業展開ができるように努めています。

## 1 名刺作成の特性と作業の展開

### （1）名刺作成の特性

本校では、「名刺作成ソフト」を利用し、パソコンを使って名刺を作成しています。

また、より現実的・実践的な作業環境を提供するために、校内の教員や地域の方々から名刺の注文を受け、作成した後は販売や金銭実務にまでつなげるようにしています。

このような流れで行う名刺作成作業の特性や意義を、以下のように捉えています。

①パソコンの基本的な操作技能の向上を図ることができる

近年は、インターネットの普及に伴い、パソコンのある家庭も増えています。パソコンの基本的な操作を身につけておくことは、余暇の過ごし方につながるだけでなく、様々な業種においてパソコンの導入が見られるため就労においても役立ちます。

②自分で試行錯誤し、考えながら作業する姿勢が身につく

作成ソフトを使っても、一人一人違う肩書きや名前を打ち込んだり、会社のロゴや顔写真などを差し入れたりする工程で、位置や大きさ、フォントなど、自分で調整しなければならないことが必然的に生じます。それらの作業を通して、自分で考えたり工夫したりする態度が育つことが期待できます。

③集中力や責任感を身につけることができる

基本的には、単独で作業を行うため、「自分の仕事」という責任感や、「自分がやり遂げなくては」という集中力・持続力が身につきます。また、わからないときや困ったときには、支援者に質問したり、出来上がったときには報告したりする態度も、自然と身についてきます。

④より高い製品意識を培うことができる

名刺は、社会においては「顔」と同じです。お客様から注文を受けた大切な製品の作成に携

わることによって、より正確に作業をし、丁寧に製品を扱おうとする意識が高まります。

⑤自己評価と社会的な評価の照らし合わせができる

　自分が作成したものが、実際にお客様のシビアな目によって評価されます。名刺の出来栄えをもとに、自分の評価と他者の評価を比べ、自己反省や自信につながる場面作りができます。

　また、自分が作った名刺がお客様に喜ばれ、納品や販売につながったときは、高い満足感や充実感が得られるので、勤労意欲も育つと考えます。

**（2）学習の展開**

①ＯＦＦＩＣＥの取り組み

　本校ＯＦＦＩＣＥ班の授業においては、大きく３つの作業内容を準備しています。

- パソコンを使った作業……名刺、文書、名簿、チラシなどの作成
- 紙加工品の製作作業………メモ用紙、紙箱、しおりなどの作成
- その他の事務作業…………受付、接客業務、印刷、製本など

　本校では、作業種目の自己選択制を取り入れ、障害の程度にかかわらず、重度の生徒であっても、ニーズに応じて作業の時間に参加できるようにしています。そのため、生徒の実態やニーズに応えられるように様々な作業内容を用意したり、教材・教具を工夫したりしながら、一人一人の教育目標が達成できるようにしています。

　また、作業学習の授業を行うにあたっては、環境作りがとても大切です。より実践的・現実的な作業環境を作り出すために、ＯＦＦＩＣＥで取り組んでいることは次の通りです。

---

**【大切にしている作業環境】**

- 作業室は会社である。作業室に来たら、名札を付ける。また、退室時には外し、作業時間であり作業員であることを意識付ける。
- 先生は上司である。「〇〇部長」「△△課長」「◇◇主任」と呼び、会社の組織についても学ぶことができるようにする。
- 作業日誌を記入する。目標をたて、振り返ることによって、作業意欲を高め、自己評価力を養うとともに、日々の記録をとる習慣をつける。
- 製品の受注から納品・販売までをトータルに行う。そのことによって、生産意欲や勤労意欲を高める。

---

表1　作業学習「ＯＦＦＩＣＥ」学習計画表

| 作業内容 | 名刺の作成 | 日　　時 | 毎週火曜日　2～6校時 |
|---|---|---|---|
| 場　　所 | ＯＦＦＩＣＥ | 支援者 | 課長：△△先生　部長：〇〇先生 |

| 本時の目標 | ●注文票と照らし合わせながら、名刺を正確に作成する<br>●検品でチェックの入った内容を確認し、自分で考えながら修正することができる<br>●名刺を納品し、お客様に喜んでもらうことによって、働く意義や喜びを感じることができる |
|---|---|

| 時　　間 | 学　習　内　容 | 教師の手立てと留意点 |
|---|---|---|
| 10:05 | ●ＯＦＦＩＣＥ入室者から、名札を付けて、日誌を記入<br>●朝礼<br>・挨拶、健康チェック<br>・作業内容と目標の確認 | ○各自の名札を付けて席札の置いてある自分の場所に座ることによって、作業への意識を高める。<br>○毎回、作業日誌を記入することを通して、目標をもって取り組むことができるようにする。 |
| 10:20 | ●作業①（名刺作成）<br>・注文票の納期を確認し、納期が早いものから取り組むようにする。 | ○"未処理"の書類トレイを準備しておき、その中から今日すべきことが確認できるようにする。<br>○手順書（名刺作成の手順）を準備しておき、自分で作業が進められるようにする。 |
| 11:00～11:10 | （休　憩） | |
| 11:10 | ●作業②（検品）<br>・課長→部長→依頼主のチェックを受ける | ○近い距離で見守り、わからないことや、機器の不具合があれば質問できるようにする。<br>○会社の仕組みを説明し、まずは主任→課長→部長という順番でチェックを受けるように伝える。 |
| 12:10～13:40 | （昼食休憩） | |
| 13:40 | ●作業③（納品）<br>・来室者から午前中の作業に続けて取り組む。<br>・課長、部長、依頼主のＯＫサインの出たものを印刷する。<br>・納品書、請求書、領収書を作成し、納品する。 | ○お客様（依頼主）との具体的なやりとりの仕方等について、事前に練習をし、自信をもって対応ができるようにしておく。 |
| 14:40 | ●後片付け、清掃 | |
| 14:45 | ●日誌の記入 | ○毎回、日誌を書くことを通して、自分自身で目標に対する振り返りをする習慣づけをする。 |
| 15:00 | ●終礼<br>・各自の振り返りと評価<br>・作業の達成度と次回作業内容の確認 | ○教師や仲間からも、良かった点、今後の課題などのアドバイスを受け、自信や次時への意欲につなげる。 |

表 2　作業日誌

11月　13日　木　曜日　　天気 晴れ

| 健康状態　良い　あまり良くない→状態（ とても元気です。 ） |

| 目　　　標 | 振り返り |
| --- | --- |
| ①仕事は集中して最後まで責任をもって取り組む。 | ♥ |
| ② 分からない事は、先生に尋ねる。 | ♥ |
| ③ 名刺を完成させる。 | ♥ |
| 保護者より | どうにか名刺が出来る様になってよかったと思います。パソコンも家でだいぶん早く打てるようになってきているので私も安心しています。先生方のお陰だとよろこんでおります。これからもよろしくお願いいたします。 |

| 今日の作業内容 | 名前や住所などを打って名刺の種類を決めて印刷をしました。 |
| --- | --- |
| 振り返り | 注文をうけた名刺を作りました。少し難しかったけど元頑張りました。名刺にもいろいろなパターンがあるので注文をうけて正確に名刺を作るのが難しかったです。◎ 注文票とよく見くらべながら作業できましたよ！ |
| 実習先から記載者（ 山本 ） | 注文票をよく見て確認しながら入力していたところがとてもすばらしいと思いました。パソコン上にない漢字の作成の仕方も学びましたね。そこに時間がかかって完成には至りませんでしたが |
| 巡回教員から記載者（　　　） | 集中して取り組みました。次はいよいよ納品ですので時間も意識しながら作業しましょう。 |

## ② 作業の実際

### （１）名刺作成の流れ

　名刺作成作業は、パソコンを使った作業であるため、まずは、パソコンの基本的な技能を習得した上で、取り組むようにしています。しかし、必ずしも完璧に使いこなせなくてはいけない、というわけではなく、名刺を作ることを通して、少しずつでも確実に技能が身についていけば良いというところからスタートしています。

> ①基本的な作業技能を習得する
> - パソコンの操作
> - 文書入力、インターネット
> - デジタルカメラの操作、画像の取り込み
> - イラストや画像の貼り付け
> - 名刺作成ソフトの活用　　　　　　　等

> ②名刺の注文をとる
> - 受付での依頼とともに、チラシを配り申し込みを募る。

> ③名刺を作成する
> - 依頼を受けた名刺を、パソコンの名刺作成ソフトを利用して作成する。

> ④名刺を校正する
> - 試作を印刷し、上司や依頼主に見てもらい修正する。

> ⑤名刺を印刷する
> - ＯＫの出たものを、注文枚数印刷する。

> ⑥納品・販売をする
> - 納期に、納品書と請求書を併せて持参する。

**（２）具体的な作業内容と主な支援**

①基本的な作業技能を習得する

　まず、パソコンの基本的な操作について学習します。
　パソコン本体のスイッチや機能等の確認をした後に、自分の名札や名刺を作成する中で、文書入力の仕方や、デジタルカメラの操作、画像の取り込み、名刺作成の手順などを身につけていくことができるようにします。

- 名刺に顔写真を貼り付ける場合もありますが、その他、名札やチラシ作りなどにも、デジタルカメラで撮影した写真を使うこともよくあります。デジタルカメラの使用は、生徒も喜んで取り組む作業の一つです。

- お互いが取り合った写真を使って、自分の名札を作ります。ＯＦＦＩＣＥ室では、この名札を付けて作業するようにしています。

②名刺の注文をとる

　校内の先生方には、チラシを作って注文を募ります。
　また、作業学習の時間に、直接注文していただくこともできるように、作業室内に受付を置きます。

- 「名刺を作りませんか？」というチラシを作って宣伝し、先生方から注文をとるようにしています。

- ＯＦＦＩＣＥ室の入り口に受付を置き、先生方に協力をお願いして、作業を請け負うようにしています。
  名刺は、何通りかの見本を用意しておき、その中からパターンを選んでもらうようにしています。

③名刺を作成する

> 　手順書（名刺作成の手順）を参考に、注文票と照らし合わせながら作成します。
> 　必要に応じて、支援者（上司）にチェックを依頼しながら作業を進めるようにしています。

■ 手順書を見ながら、自分で考えて作業を進めるようにしています。
わからないときは、支援者（上司）に、「課長、ちょっとよろしいでしょうか？」などと呼びかけて、質問したり作業を見てもらったりするようにしています。

名刺作成のポイント　⇒
◇レイアウト
◇背景
◇装飾（写真、会社ロゴ、イラストなど）
◇文字（社名、肩書き、名前、連絡先など）

④名刺を校正する

> 　まずは、支援者（上司）に出来上がった製品をチェックしてもらい、ＯＫサインが出たら、依頼主に見てもらうようにします。
> 　依頼主のＯＫサインが出るまで校正を重ね、より正確な製品を作ることができるようにしていきます。

■ 依頼主にチェックしてもらうときは、少し緊張するようですが、ＯＫサインが出るまでは、何度も足を運びます。仕事の厳しさを感じる瞬間です。

校正の手続き　⇒

<検品手順書>
1．課長、部長に見ていただく
　　　↓　修正
2．お客様に見ていただく
　　　↓　修正
3．課長、部長に見ていただく
　　　↓　修正
4．お客様に見ていただく

⑤名刺を印刷する

プリンターを使って印刷します。用意した用紙を必要な枚数分セットして印刷します。必ず、プリンターのメンテナンスを行い、印刷の際に汚れがつかないように留意して取り組むようにしています。

<印刷手順書>
1．プリンターの電源が入っているか確認する
2．パソコンの印刷  マークをクリック

3．「プロパティ」を開け「ヘッドクリーニング」を行う

4．名刺シートを入れて、必要な枚数を印刷する

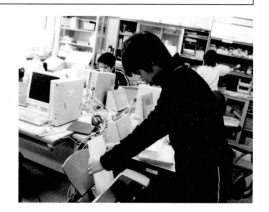

⑥納品・販売

注文票に書かれた納入期限までに納品ができるようにします。納品に際しては、納品書と請求書もあわせて記入し、渡すようにしています。
また、代金受領後は、領収書を渡し、書き方も学習できるようにしています。

■受付では、接客の学習も兼ねています。
笑顔を大切に、はきはきと、朗らかに応対ができるようにします。
また、自分で解決が難しい場合は、即答を避け、「係りの者に聞いて参りますので、少々お待ちください」と、支援者（上司）に尋ねるようにしています。

製品の製作にかかわり作成する書類

受 注 票　→　納 品 書　請 求 書　→　領 収 書

**（3）その他の取組み**

①地域の祭りにて

　毎年、秋には、地域の方をお招きしての「ふようまつり」と、地域での「平川祭り」があり、各作業班では、このお祭りで製品を販売しています。

　今年度ＯＦＦＩＣＥ班では、「世界でひとつだけのオリジナル名刺を作ろう！」というモットーのもと、名刺の即売を行いました。その場で、名刺のパターンを選んでいただき、要望があれば写真なども撮って、その場で製作してその場でお渡しするという企画です。

　大人から子どもまで、多くのお客様が来店し大忙しでしたが、説明をする者、写真を撮る者、名刺を作る者、販売する者、みんなが役割分担をしながら一致団結して乗り切ることができました。

　満足して帰られるお客様の笑顔や「ありがとう」という言葉にじかに触れ、忙しかったけれども、満足感や達成感にあふれた１日となりました。

ご要望に応じて、ここで顔写真を撮って名刺に入れました

パターン見本を見ながらどんな名刺にしようか考えているお客様

いらっしゃいませ！世界に一つだけの名刺を作りませんか？

販売の様子（屋外テントにて）

②雇用支援ネットワーク事業にて

　近隣の特別支援学校とともに、「就労サポーター事業」という取組みを行っています。

　これは、各学校の作業学習の授業を、就業に関係する方々に見学していただき、企業の立場からご意見をいただき、授業改善をしていこうとするものです。

　本校では、６月と11月の年2回、ＯＦＦＩＣＥの授業を中心に参観していただきました。

　授業後は、反省会を開き、学校の取組みにご意見をいただくとともに、高等部３年生の生徒には卒業後の生活についてアドバイスをいただきました。このときの貴重なご意見も参考にしながら、よりよい授業づくりを目指していきたいと思っています。

＜企業の方からいただいたアドバイス例＞

１．分業だけでなく、一連の作業を単独でこなす経験も仕組むと良い。
２．作成文書等、一人で完成させてしまうのではなく、何人かに目を通してもらうシステム作りをすると、より会社組織に近づく。
３．製品を販売する機会を設け、勤労意欲を高める工夫をすると良い。
４．パソコンコードを絨毯下にくぐらせるなど、環境の整備を行うことが大切である。

## ③ 教材・教具

| 1 | 作業の手順書<br>（指示書） | 自分で作業が進められるように、名刺作成の手順をわかりやすくまとめておきます。 |
|---|---|---|

### 名刺作成の手順書（市販の名刺作成ソフトを使用）

1　「名刺作成ソフト」をクリック

2　「新規作成」をクリック

3　「文面用紙を選択します」をクリック

4　「マルチカード＜名刺・10面＞」→「次へ」をクリック

5　「レイアウトパターン」「背景／装飾」をクリック

6　「保存」→「編集中の住所録・・・」をクリック

7　「マイドキュメント」→「名刺2008」をクリック→「依頼主の名前」で保存

8　「差出人」をクリック

9　データを入力→「終了」をクリック

10　「ファイル」→「印刷」をクリック

11　プリンタの「●●●」をクリック

12　印刷枚数を「1」→「印刷」をクリック

13　校正する

① 課長、部長に見ていただく
② お客様に見ていただく
③ 課長、部長に見ていただく
④ お客様に見ていただく

↓OK ならば

14　印刷枚数「注文数」→「印刷」をクリック

| 2 | 指示書スタンド | 指示書を見やすいように立てられるスタンドを作りました。 |
|---|---|---|

手作りのスタンド

「指示書」も、注意するところや修正するところは、わかりやすく朱を入れたり、付箋をつけたりして伝えるようにしています。

| 3 | 振り返り用紙 | 日々の日誌とあわせて、定期的に、自分の作業について振り返りを行うことによって、自己理解を深め、自信をつけたり自分を成長させる課題として捉えたりすることができるようになります。 |
|---|---|---|

**今年の作業学習を振り返ってみよう**　名前

| 作業班 | 主に取り組んだ作業内容 |
|---|---|
| OFFICE班 | パソコンの入力（名刺作り）<br>メモ帳作り<br>受付 |

① 好きなこと・得意なこと

パソコンの入力するのが早く打てるようになりました。メモ帳作り色紙を8枚組み合せるのが好きでした。

② 嫌いなこと・苦手なこと

名刺作りが少し難しかったです。あと、お客様が来られて受付をするのに言葉ブかいや正しく納入するために受注票にていねいに正しく書くことが苦手でした。

③ できるようになったこと・がんばったこと・うれしかったこと

パソコンでキーボドを入力するのが早くなったので嬉しいです。名刺作りが難しかったのですが100枚など先生に教えてもらいながらでも自分1人で印刷することが出来ました。

④ これから「も」がんばりたいこと

もう少しローマ字を覚えて（撥音・促音）キーボードを早く打てるように元頁張りたいです。

⑤ 友だちからのうれしい一言

○ やるときは、やる。できなくてもあせらずせいかくに。

○ 難しい事でも元頁張っている。

○ 元頁張り屋だからやりすぎには注意。

《学校から》

本当にみんなの良き手本として作業に取り組みました。初めての作業も「えーできん」と言いながらも逃げ出さずに わからないことをていねいに質問しながら 1つ1つの作業を確実に自分のものにしていき、自信につなげることもできました。「笑顔のすてきながんばり屋さん」という私の評価でした。また 仲間がんばった姿を認める発言に励まされましたofficeのメンバーです。　格ったお疲れ様でした！

《家庭から》

はじめにくらべると、だい分パソコンのキーボドが早く入力できるようになっているみたいですね。ありがとうございます。先生方や友だちのおかげで、作業もなんとかできるようになったと思っています 今年もこれで最後なんですねお世話になりました。来年の12月ようにお願いします。

50

## ④ 成果と今後の課題

　近年、現場実習先や就職先から、「この生徒は、パソコンが使えますか？」と尋ねられることが多くなりました。

　事務作業だけでなく、たとえば製造業においても、ラベルをパソコンで打ち出したり、サービス業界や介護業においては、顧客データの管理をパソコンで行ったりと、職場にパソコンを導入している会社が増えたためです。

　また、Ａさんは現場実習で、企業での事務作業を行いました。文字の入力も速く、一通りの技能は身についていると思っていましたが、普段使わないエクセルに戸惑い、とても苦労しました。現場実習反省会では、企業の方から、「実習中にずいぶん技能が向上しましたが、就職したら今の技能のままでは本人も困るでしょうね」というご意見もいただきました。

　基本的なパソコン技能を身につけておくことは、社会からのニーズに応え、スムーズな就労につながると捉えることができます。そういった意味においても、本年度ＯＦＦＩＣＥの作業班を発足させ、ニーズのある生徒に対して集中的にトレーニングできる機会をもてるようになったことは、大きな成果と言えるでしょう。

　「名刺作成」の作業については、これまで紹介してきた実践の通りですが、本校では、これをパソコンを使って行う作業の一つとして設定しています。そのため、やはり一番大きな成果としては、パソコンの技能の向上にあります。レイアウトやフォント、写真等を調整する作業を通して、様々な機能を使うことを覚えていきました。二つ目の成果としては、それらの技能が、楽しみながら身についていくところにあります。「あーでもない、こーでもない」「これがいいかな」など、考え工夫することを通して、作業することを楽しむ姿が見られるようになりました。三つ目は、やはり作業に対する厳しさも味わうことができるということです。名刺には、絶対に間違いがあってはなりません。検品を重ね、注意を受けながら作業を進めることを通して、慎重さや責任感が備わっていくように思います。

　一方で、課題の一つとしては、私たち支援者の作業にかかわる専門性が挙げられます。今回、名刺作成ソフトを使用するに当たっても、教員が先に練習を重ねて手順書等を作成し授業に臨みました。その他の様々なソフトやパソコンの機能についても、担当支援者はしっかり研修を重ねる必要があります。外部講師に来ていただいて、支援者も生徒とともに教わる機会を設定することも有効だと思います。

　また、まだ環境設備が十分整えられていないため、プリンターが順番待ちで使いたいときに使えなかったり、きれいにプリントアウトできなくて製品にならなかったり、パソコンの不具合で作業ができなかったりすることもあります。環境を整え、しっかりと作業に取り組むことができるようにする必要があると考えています。

　今後、限られた作業時間の中で、いかに個々の課題を達成させ、働く力を育んでいくことができるのか、人的・物的環境を整え、質の高い作業が提供できるように、さらに研鑽を重ねていきたいと思います。

# 文書入力（ワープロ検定）の事例

秋田県立ゆり養護学校

　秋田県立ゆり養護学校では、生徒一人一人の教育的ニーズに応えるための教育課程として、高等部（普通科）で一部コース制を取り入れています。コースは、職業コース、職業生活コース、生活コースの３つです。また、近年の産業構造や高等部生徒の就労先の変化を踏まえ、平成20年度から高等部の作業に事務・広告班を立ち上げました。事務・広告班では、名刺作成や校内行事のポスター制作、オリジナルマウスパット製作などの作業を取り入れています。また、在学中の資格取得とワープロ作業能力向上を目指し、ワープロ検定の練習も行っています。

＜高等部の作業班＞
　主に職業コース：木工班　農園芸班　陶芸班　事務・広告班
　主に職業生活コース、生活コース：家庭班　手工芸班　リサイクル班

木工班

農園芸班

陶芸班

事務・広報班

家庭班

手工芸班

リサイクル班

# 1 ワープロ検定の特性と作業の展開

## （1）ワープロ検定の特性

　本校ではワープロ検定の特性及び教育的意義として以下の点を取り上げています。

①ワープロソフトでの文字入力や文書作成は、学習した内容を家庭など日常生活の場や社会に出てからも生かすことができ、ワープロ検定により資格を取得することによって、就労につなげていくことができます。

②決められた企画に沿って文書を入力する作業を繰り返し行うことにより、正確に仕事を行うことや時間通り仕上げることの大切さ、職業感を高めることができます。

③生徒に応じた課題の設定や教材の工夫ができます。入力の習熟度によって文字数（漢字の比率）や表の複雑さなどを変えて教材を準備することができます。

④課題が明確であるため、生徒が見通しをもち自己評価につなげることができます。

## （2）作業の展開

①作業の概要

　本校では、高等部縦割りで行っている作業学習と情報の授業の中で、ワープロ検定の学習に取り組んでいます。

　今年度から始まった事務・広告班では、基礎的な知識・技能の習得に重点を置いてワープロ検定練習問題や模擬試験に取り組みました。導入段階では、キーボード操作やキーの名称、ワードの基本的な使い方や用語について学習内容を組みました。来年度以降は近隣の高校で実施される検定の受験へと展開していく計画です。

②主な取組みの内容

　ワープロ検定に向けてはじめに取り組むのは、以下に示したようなパソコンの使用方法の基礎を確認することです。

---

**基礎的なパソコンの使用方法の確認**

○ 電源の入れ方や切り方

○ マウスを使った操作の仕方

○ ワープロソフトの起動・終了の仕方

---

　その後、ローマ字での文字入力の学習を始めます。ローマ字の表を用いたり、インターネットでの練習サイトを利用したりして、ホームポジションを意識したブラインドタッチの練習を行いました。キーボードの F D S A と J K L ＋ の位置にしっかり指を置く、戻すという練習を繰り返し行いましたが、薬指や中指を戻すのが難しく、苦労していました。ホームポジションを意識して練習を行った生徒は、正しい位置に指を置くことが、早く正確に文字を入力することやブラインドタッチにつながることが理解でき、入力する速さが増してきました。ホームポジションを意識せずに我流で行った生徒は、後のタイピング速度に差が生じてしまい

ました。

　ローマ字入力の練習と同時に、実際の練習問題（全商ワープロ検定4級程度）を使用しながらワードの基本操作について練習しました。

　教師が大きな画面（メディアサイト）を使ってアイコンや操作方法について伝え、生徒も同じ操作をして中央寄せや下線の引き方などを練習します。一つの課題の中に幾つかの技術が必要なため、繰り返し行うことや、技術習得用に教材を作成しながら取り組みました。

---

**ワープロ検定3・4級で使用する操作の習得**

○ページ設定（文字や行数、余白の設定）

○フォントの設定

○基礎的な構成（中央揃え、右揃え、文字均等割り付け）

○表作成（表枠の挿入、文字入力、罫線の移動）

---

　本校では今年度、1・2級程度の速度練習、3・4級程度の練習問題を行いました。全商ワープロ検定3級からは筆記問題もあります。今後3級程度の筆記試験に向けてどのように習熟させていくか検討しています。


## ② 作業の実際

### （1）ワープロ検定を行うにあたって

　なぜワープロ検定を行うのか、検定の練習が何につながるのかを考える機会を設けながら授業を行います。生徒たちはワープロを日常的に使うことは少なく、必ずしもワープロを使った職場で働くとは限りませんし、自分には必要がない、と思っている生徒もいます。そこで、いろいろな現場での仕事の仕方について問いながら、ワープロ検定の大切な要素である「正確さ」「速さ」が「いい仕事」につながっていることを確認します。ワープロ検定の結果そのものよりも、正確に、自分が今できる最速の作業を行う気持ちが大切であることを伝えます。


### （2）姿勢、ホームポジションの取り方

　ワープロ検定を行うにあたり、パソコンを使用する姿勢と指をホームポジションに置く習慣は大切です。姿勢は背筋を伸ばし、画面に近づきすぎないこと、指は人差し指を F （左）と J （右）に置くことを約束します。キーボードの文字を見ないと入力できない生徒もいますが、指を固定して練習を行うことで、少しずつ入力する力がついてきます。


### （3）ローマ字の入力練習

　ローマ字の入力練習には段階があります。まずは指のホームポジションにある F D S A と J K L ＋ のキー配列の習得です。その後上段の、『 Q W E R T Y 』、『 Y U I O P 』、下段の『 Z X C V B 』、『 N M ＜ ＞ ？ 、 』の配列、最後に数字の練習を

します。

その後、あいうえお……という順に五十音の練習を行い、簡単な単語、文書の入力へとつなげていきます。

### （4）ワードの基本操作の練習

全商ワープロ検定3・4級で使用する操作について、大画面で演示したり、隣で操作したり、口頭で伝えたりしながら一つ一つ習得していきます。市販のテキストも実用的ですが、実際の練習問題を使用して赤ペンで「中央寄せ」などのマーキングをすることも習得に効果的でした。

### （5）ワープロ検定の練習・模擬試験

受験番号、学校名、氏名を1行目に入力し、問題文に沿ったページ設定を行い、入力に要した時間を計測しました。速度問題に出題された漢字の読み方や文書問題の表の作成、その他必要とされるワードの機能については、生徒の質問をその都度受け付けながら練習を行いました。試験時間内に課題が終了しなくても、最後まで問題文を完成する練習を繰り返し行っていく中で、ほとんどの生徒が一人で問題に取り組めるようになってきました。

### （6）生徒の自己評価

作業日誌の中にワープロ検定の項目を設けました。生徒が振り返りやすく、また目標をもちやすくするよう、振り返りの観点をより具体的にし、項目を絞りました。

タイピングの習熟やワードの機能に関しての反省では、生徒からマイナスの反省が続いてしまう傾向がありました。生徒が自信をもって取り組めるよう、よくできた点や課題については、具体的に担当欄に記入し、教師から個別に説明することに留意しました。

## ③ 指導教材の紹介

### 姿勢とホームポジションを確認しましょう。

■ いすに深く腰掛け、背筋を伸ばします。

■ 指は立てるように軽く置きましょう。

■ 指の置き方はホームポジションを意識しましょう。

■ Fのキーに左手の人差し指、Jのキーに右手の人差し指を置きます。

さわるとわかるようになっています。

### キーの位置を覚えましょう。

4列目
3列目
2列目
1列目

■ 2列目、1列目、3列目、4列目の順にゆっくり入力する練習をします。

f f d d s s a a などからはじめます。

慣れたらローマ字の入力に移ります。

56

# ローマ字とブラインドタッチの練習をしましょう。

■ 「あいうえお　かきくけこ　など」を
繰り返し練習しましょう。ゆっく
りでいいので、なるべくキーを見な
いで入力しましょう。
＊単語を入力した後、ホームポジショ
ンに指を戻すことがポイントです。

■ 「あいうえお」に慣れてきたら、自分の名前や身近なものの名前、好き
なものなどを入力しましょう。漢字の変換もしましょう。

■ ものの名前ができたら文書を入力
します。ワープロ検定の練習問題
を実際に入力してみてもよいでしょ
う。

※少しずつ、続けて練習することが大切です。
※長い時間画面を見続けないようにしましょう。30分程度に1度は
休憩をとりましょう。

# ワープロ検定３級・４級について

ワープロ検定４級は速度問題（１０分）と文書問題（１５分）、３級は速度問題（１０分）と文書問題（１５分）、筆記問題（１５分）があります。

速度問題は４級２１０文字　３級　３１０文字前後です。

文書問題は４級　文字の右寄せ、中央寄せ、箇条書きなど、

３級　表の作成と表内のレイアウト、文字の均等割付けなどです。

３級の筆記問題は問題集で覚えましょう。

## ワープロ検定の問題にチャレンジしましょう。

速度問題

■問題文に沿ってページ設定をします。

１行目の文字数を３０字に設定し、問題のとおりすべて全角で入力しなさい。画面の１行目に受験級、学校名、学年、組、番号を入力し、改行しなさい。

■受験級
■学校名
■学年
■組、番号

■スペース

３級受験　ゆり養護学校　高等部２年２組１４番

　近頃は２４時間営業のコンビニエンスススストアやスーパーが増えてきている。これらは現代人のライフスタイルの変化やニーズの多様化などに対応した便利な店であり、生活に欠かせない存在となっている。こうした夜間の店舗などすべての電源を供給するために、原子力発電所が欠かせない存在となっている。

■改行

　原子力発電所と言えば、その○○○○○○○○○○ルトニウムは核燃料としても知られている。プルトニウムは取扱が非常に難しく、少量でも洩れ、人体に触れるなどすれば大きな事故となる可能性もある。

　日本から自動販売機やコンビニエンスススストアが無くなれば、原子力発電所は必要がないとさえ言われている。かつての商店街での人のふれあいや、夜の家族との団らんが減り、引き換えに便利さや大きなエネルギー消費を生み出している現状だ。

■<ruby>問題文<rt>もんだいぶん</rt></ruby>に<ruby>沿<rt>そ</rt></ruby>ってページ<ruby>設定<rt>せってい</rt></ruby>をします。

問題の文書を原稿のとおり入力しなさい。書式設定は、１行の文字数を３０字、１頁の行数を３１行、フォントの種類は明朝体、サイズは１０．５～１４ポイントのいずれかに統一すること。また、文字は全角文字を使用すること。

なお、１行目には受験級、学校名、学年、組、番号を入力し、改行しなさい。

---

　　　　　３級受験　ゆり養護学校　高等部２年２組１４番　ゆり太郎

　　　　　　　　　　　　　　　　　　　　　　　　　　営発第１５４号
　　　　　　　　　　　　　　　　　　　　　　　　　平成２０年８月８日

有限会社　栗田電気
　　総務部長　武石　博　様　　　　**右揃え**

　　　　　　　　　　　　　　　　　　　男鹿市緑町９－５
　　　　　　　　　　　　　　　　　　　　男鹿自動車株式会社

　　　　　　　　　**中央揃え**　　　　　　営業部長　田中　俊介

　　　　　　　　　　　　　　特別試乗会のご案内

　拝啓、貴社ますますご隆盛のこととお喜び申し上げます。

　さて、弊社では快適な都市環境を目指し、排出ガスの削減に努めてまいりました。この秋に発売する新型車はすべて、国土交通省の環境基準をクリアしております。

　つきましては、今月２０日に新車の発売を記念して、特別試乗会を開催します。当日は、下記の車をご用意しております。買い替えのご参考にして頂ければ幸いです。

　　　　　　　　　　　　　　　　　　　　　　　　　　敬　具

　　　　　　　　　　　　　記

| 車　　　　　　名 | タ　イ　プ | 車両本体価格 |
|---|---|---|
| Ｆｒｉｅｎｄ | コンパクト | ７４万円 |
| ＨＯＰＥ | ミ　ニ　バ　ン | ２３４万円 |

**罫線→挿入→表**　　　　**右クリック→セルの配置**

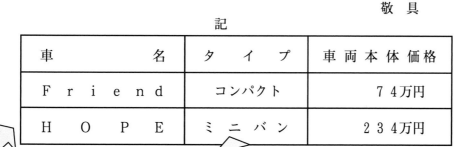

　　　　　　　　　　　　　　　　　　　　　　　　　以上

## 筆記問題（3級）

筆記試験では、以下の内容を学習する必要があります。

**①機械と周辺機器の名称**

    フロッピーディスク、ハードウェア、ソフトウェア、など

**②コンピュータの基本操作について**

    クリック、ポインタ、ドラッグ、など

**③文書作成の基本操作について**

    センタリング、改行、均等割付け、切り取り、貼り付け　など

**④インターネットの知識**

    メール、ドメイン、ダウンロード　など

**⑤文書や郵便物に関する知識**

    社外文書、社内文書、取引文書、書留、速達、など

**⑥ビジネス文書に関する知識**

    頭語、結語、文書番号、敬称、本分、前付け、後付け、など

**⑦記号の読み方**

    ：　；　＊　＆　＠　など

**⑧漢字、助詞の使い方、同訓異字、敬意の表現の仕方など**

※問題練習を繰り返し行って覚えましょう。

## 作業学習「事務・広告班」の指導計画

| 題 材 名 | 名刺作成・ワープロ検定練習 |
|---|---|
| 目　　標 | ● 注文票を見ながら一人で名刺を作成し、集金までを担当する。<br>● ワープロ検定で4級程度の速度問題、文書問題に最後まで取り組む。 |
| 時間　場所 | 10：30〜12：20　コンピュータ室<br>13：15〜14：30　コンピュータ室 |

| 時　間 | 学習活動 | 教師の支援と留意点 |
|---|---|---|
| 10分 | ①あいさつをする<br>　作業内容の確認<br>　作業日誌の記入 | ○ 自分で作業日誌の目標を記入できるよう、全体の目標について口頭や板書で伝えたり、前回の作業日誌を基に目標を立てるよう助言したりする。 |
| 50分 | ②名刺作成をする<br>　サンプル作成→担当教師に確認<br>　　　　　　　→注文者に確認 | ○ 一人で作業を行えるよう、コンピュータの操作やレイアウトについての助言はできるだけ控える。<br>○ 注文者への言葉遣いが意識できるよう、話し方や配達場所などの確認事項については、必要に応じて事前に担当の教師と一緒に練習する。 |
| 40分 | 　印刷→担当教師に確認<br>　　　→注文者に配達<br>　　　→領収書作成<br>　　　→集金 | ○ 名刺のミスプリントの有無については担当の教師が確認する。<br>○ 集金の際は金銭の取扱いに十分に配慮する。 |
| 60分 | ③ワープロ検定の練習をする<br>　タイピング練習<br>　　4級問題<br>　速度問題（10分）<br>　文書問題（15分） | ○ ブラインドタッチを意識できるよう、単語を入力した後にホームポジションに指を戻すよう助言する。<br>○ 時間内に問題ができなくても最後まで取り組むことを伝える。 |
| 15分 | ④作業日誌に記入する。 | ○ 達成感を味わえるよう、生徒の自己評価を見ながら、正確さなどについて具体的に称賛する。 |

### 事務・広告班　作業日誌

| 月日（曜日） | 12/24 (水) | |
|---|---|---|
| 作業内容 | ●名刺作り 〜 村下の20まい<br>ワープロ検定 | |
| 作業目標 | あせらないで正確に名刺作りやワープロ検定の問題をやる。 | |
| ①作業内容を理解して作業ができた。 | ○ | ◎ |
| ②自分で考えて作業ができた。 | ○ | ◎ |
| ③報告や相談を行った。 | ○ | ○ |
| ④いすに深く腰掛け背筋を伸ばした。 | △ | ○ |
| ⑤指はホームポジションを意識した。 | △ | △ |
| ⑥正確に打ち込んだ。 | ○ | ○ |
| ⑦キーを見ないで打てる単語があった。 | △ | △ |
| 反　省 | 名刺作りは、前に作ってあったのを使て作りました。ワープロ検定は、時間以内に打つ事が出来ませんでした。正確に出来るように、相談してやりたいです。 | |
| 担当より | ・注文票を見ながら一人で名刺を作りましたね。名前と肩書きのバランスも大変良いです。<br>・ワープロ検定はミスが全くありませんでした！この調子でがんばりましょう。 | |

左が生徒の自己評価
右が担当の評価です。

④〜⑦の項目がタイピングやワープロ検定に関する内容です。

生徒の自己評価では、ワープロ検定に対しては「できませんでした」というマイナスの反省になりやすいので、結果だけではなく、正確さ、指の位置など、具体的に称賛するとよいと思います。

## 4 成果と課題

### （1）成　果

#### ①タイピング力やレイアウト力の向上

　作業にワープロ検定の時間を設けたことで、生徒のタイピングが速くなりました。これにより作業製品（名刺、ポスター、広告）などを作成する時間も短縮されました。名刺、ポスター、広告などを作成する際も、中央寄せや下線などを効果的に用いたり、見やすいレイアウトについても意識できるようになりました。

#### ②仕事への意識の向上

　ワープロ検定の練習を通して、生徒の仕事に対する正確さや速さへの意識が自然に身についてきたように感じます。「今できる最高の力で、できるだけ正確に、できるだけ速く」ということを生徒には伝えてきました。急いで仕事を行うよりも、正確に行うことの方が大切だと伝え、検定の練習では時間内に問題ができなくても、最後まで取り組むことにしています。

#### ③「できる自分」の確認

　ワープロ検定の練習では、課題が明確なため、生徒も目標をもちやすく、自己評価しやすくなります。日々の練習で劇的に速度が増すのではなくても、打ち込んだ文字の数が多くなっていたり、文書作成の技術（表の作成、均等割付けなど）が一人でできたりするなど、生徒自身が「できる自分」を感じ取れたのではないかと思います。

　自信を積み重ねることで、ワープロに関することだけなく、仕事や学習への自信や次の目標へとつなげていくことができたのではないかと感じています。

事務・広告班　生徒の作品
（学校祭　ポスター）

## （2）課　題

### ①資格取得

　ワープロ検定の練習では、資格取得による生徒の職域の開拓を目指しています。今年度から練習を行い、確実にレベルアップした生徒ですが、4級程度の速度問題、文書問題を確実に時間内に終わらせる段階にはまだ至っていません。練習内容を充実させて、来年度は合格者を出せるようにしていきたいと考えています。

### ②練習時間の確保

　事務・広告班では、名刺、広告、ポスターなどの作成を行っています。ワープロ検定の練習以外にも作業内容があるので、作業学習の時間内に練習時間を十分に確保することが難しい状況にあります。本校ではコース別に情報の授業も行っているので、情報の授業の中でも、個人の課題としてタイピングの時間を増やすなど、積極的に練習時間を設けられるようタイアップしていく必要性を感じています。

### ③筆記問題の難しさ

　3級からは筆記問題もあります。漢字や記号の読み方、敬意表現など、日常的な国語力を必要とする問題があります。繰り返し練習問題を行うことはもちろんですが、問題そのものの意味や語句を学んでいくことは生徒への大きな負担となる場合があります。

　筆記問題については、作業時間だけで学習していくことへの難しさも感じていますので、情報担当や学級担任と相談しながら効率のよい学習の仕方を模索していきたいと考えています。

**事務・広告班　生徒の作品（マウスパッド）**

**事務・広告班　生徒の作品**
**（作業製品販売用ポスター）**

# 輸送・在庫管理（ピッキング・在庫管理）の事例

東京都立王子特別支援学校

　平成10年度ごろより産業現場等における実習や卒業後の進路先として、飲食・厨房作業や店舗等におけるバックヤード作業と並び、運輸や倉庫内における作業の希望が増えており、東京都立王子特別支援学校でも毎年たくさんの生徒が実習に出ています。ここ数年は、職場で緊張することなく確実に自分の実力を発揮できるよう、学校においても作業学習や職業の授業等で、運輸や倉庫内作業を想定した学習に取り組んでいます。

　ここでは、まず運輸に関する業務の特徴を具体的におさえ、学校で実施可能な取組みを、２年生や３年生の産業現場等における実習の事前学習の例を中心に紹介します。

## ① 輸送・在庫管理の特性と作業の展開

　輸送・在庫管理の職務内容は多岐にわたり、また扱う業務量も多いことから、学校内で同じような作業を繰り返し行おうとすると、事業所から業務を請け負って受注作業を行わない限りは、限界があると思います。

　しかし、実際の職務内容を細かに分析してみると、職業や作業学習等の中で取り入れることのできる観点や内容が少なくありません。そこで、まず輸送・在庫管理の業務について、実際に事業所等で行われている具体的内容を取り出し、その特性と授業で取り扱うべき具体的内容について見ていきます。

### （1）輸送・在庫管理作業の内容と特性

　10年ほど前から、運輸関連の業務に就労する知的障害者が多くなっており、特別支援学校の高等部２年生・３年生の実習先としても毎年各校で複数の生徒が実習に行っています。小規模の営業所で清掃や伝票の入力等複数業務の組み合わせの中で仕事を行っている例もありますが、多くの場合は地域の中核的な物流拠点となる大規模事業所の中で業務を行っています。

　勤務時間は９時から17時が多く、フルタイム労働と言っていいでしょう。近年の産業構造の変化に伴い、物流関連の事業所は24時間稼働のところがほとんどで、作業量の多くなる夕方から夜にかけての業務を行うために、12時からの勤務になることもあります。

　業務内容は、宅急便やメール便の運搬・仕分けが中心ですが、それに付帯した様々な内容の作業を行うことが求められます。主な内容は以下の通りです。

### 荷物の運搬と仕分け

　宅配便を代表として、事業所に集積された荷物を決められた方法で仕分けする作業です。荷

物の入ったキャスター付きの大形ボックスや台車を手で動かしたり、種類を判別しながら稼働しているベルトコンベアに荷物を置くことが中心の業務です。近年では、冷凍倉庫内での仕分け作業や大型の保凍ボックスに保冷剤を補充することに携わることも多くなりました。

　荷物の仕分けのやり方は事業所によって様々な方法をとっていますが、市区町村の地域名称や7桁の郵便番号で分けることが比較的一般的です。実際に業務を行う中で地名等を覚え、正確に仕分けすることが必要とされますが、やはりある程度地名等の読みができていると業務はスムーズに進行できます。また、郵便番号を用いた仕分けの方法として「□□□－１２０１～１２１０」のように途中を省略して表示されることが多いため、順序数の理解と実際場面での応用が欠かせません。また、様々な表示類を識別して仕分けることも必要になります。

　基礎的な体力や筋力が必要とされることはもちろんですが、フロアー内で移動するフォークリフト等の車輌や人、時間によって配置の変わる荷物の置き場所等を意識しながら、事故を起こさないよう安全に作業を進めることが特に求められます。

　また、作業環境が必ずしも十分に整っていない事業所も多く、夏場の暑さや冬の寒さの中で作業を行うことも多く、体調面の自己管理とともに、衣服の調節も大切な要素です。

## メール便の運搬と仕分け

　基本的には「①荷物の運搬と仕分け」に関する業務と大きく変わりませんが、扱う量が多く、より繰り返しの作業が必要になります。

## 箱作りや段ボール箱の処理

　荷物や商品・メール等を梱包する道具として、段ボール製の箱や各種の紙を利用したパッケージ類は欠かせません。物流の事業所では、運搬や仕分けの作業の合間、梱包・発送業務の準備に、段ボール箱の組み立てや解体・処理を行うことがたびたびあります。決められた形に手早く箱型に組み上げることはもちろんですが、持続的に取り組むこと、テープ類を適切に扱うことも大切です。数多くの段ボール箱を作るので一か所にまとめて置いておきますが、数えやすいよう個数を揃えて積み上げて置きます。

　必要なくなった段ボール類は解体、廃棄します。仕分け作業では段ボール箱を必要とするので、解体後必要な時にすぐに取り出せるよう決められた場所に置くこともあるので、事業所の作業環境に応じて進めていきます。大量に出る紙類の分別作業はこの職種では特に重視されています。それぞれの事業所の方法で分別作業を行います。

## 商品の梱包、検品、発送業務

　商品の梱包、検品、発送業務は、物流拠点の事業所では基本的な業務の一つです。梱包作業はただ商品を段ボール箱に入れるだけでなく、緩衝材に商品を包んだり、取扱説明書やパンフレット類、請求書等複数の物品を一緒に梱包することがほとんどです。自分の分担された作業を商品の向きや上下に注意してつめることが大切です。

また、通常複数の人間が流れ作業で行うことが多いので、封をする前に商品等が正しく納入されているかどうか必ず検品作業を行います。検品は伝票と商品を照合しながら通常は複数で行い、項目ごとに復唱による確認作業が行われます。

　検品が終わると商品の発送になりますが、ここでは伝票の取り扱いが重要となります。伝票は各事業所で様々な様式のものが使われていますが、基本的には発送元と発送先、商品名と品番等を確認し、項目ごとにチェックしながら進めていきます。また、伝票の枚数を数えたり、箱に貼り付けたりすることも大切な作業です。発送業務についても、通常は複数で確認します。梱包された商品を発送する際に輸送業務を伴うことは言うまでもありません。

## ピッキング、在庫管理

　指定された商品を倉庫の棚等から取り出し、必要部署に移動することをピッキング業務といいます。物流の要となる業務ですが、倉庫内では扱う商品も数多くあるので、一定の道具立てを伴った支援が欠かせません。知的障害者がピッキング業務に取り組む場合は、正確に取り組めるよう一定範囲の商品に限定したり（例えばＡさんは「テープ類」だけを担当する）、どの商品がどこの棚にあるかを見取り図に示しそれをカード化して持ち歩きながら作業を進めたりするなど、補助具の活用が必要となります。また、伝票の読み取りも大切な要素になります。

　在庫管理の業務も、ピッキングと同じように物品と伝票や物品リストとの照合が基本となります。物品がどこにあるか、棚の見取り図を参考にしたり、棚本体に何が納入されているかわかりやすく表示したりすることで、一人で作業を行うことが可能になります。

　ここまで述べてきた、運搬、在庫管理に関する業務の特性とそこで必要とされる内容についてまとめてみます。

＜輸送・在庫管理業務の特性と必要な力＞

①体調管理や体力、筋力の持続
　　腕や下半身の強さ　　　衣服の調整　　　上手な休息の取り方
②安全面への配慮
　　自分の身を守る（服装、安全確認）　　　安全を確保できる運搬の方法
③正確性と持続性
　　作業方法の遵守　　　作業の継続性
④数字の判読、順序数の理解
⑤漢字の判別、地名や部署等の判読
⑥廃棄物の分別についての知識
　　紙類の分別
⑦テープ類や事務用品の取扱い
⑧共同作業と復唱による確認

⑨伝票や物品リストの読み取り

⑩物品・商品情報の読み取り

　　物品の名称や品番に関する読み取りのトレーニング

⑪物品・商品の配置の確認

　　見取り図等の活用を通して、一人で確認作業ができるようにする


## （2）輸送・在庫管理作業の展開

　輸送・在庫管理の業務を、職業や作業学習等の授業の中で行うには、作業環境や内容の継続性の面で限界がありますが、その特性を踏まえれば様々な授業の中で輸送、在庫管理に関する学習を具体的に実践することは十分可能です。

### 荷物の運搬と仕分け

　運搬について校内でできる作業としては、消耗品類が学校に納入された時に倉庫等に運ぶ、または印刷室で必要とされる紙類を定期的に倉庫から運ぶ等の場面が考えられます。なるべく定期的に行えると生徒も見通しをもって取り組めるでしょう。

　学校では、大型の運搬用ボックスを取り扱うことはまずできないので、台車を使って練習することが中心となります。安全の確保を図りながら台車を取り扱うにはどのようにしたらいいか、具体的に指導します。

　コンベア作業にも慣れておく必要はありますが、専門の設備のない学校では、写真のような台を用いて作業をするようにします。

　仕分け作業では様々な練習方法が考えられます。前項でも紹介しましたが、「われもの」「冷凍」などの様々な表示を識別し、種類別に仕分けることも必要になるので、荷物の仕分けに係る表示類を表にして覚えておくと実際の場面で役に立ちます。荷物に貼ってある伝票や表示類を、実際の作業場面で確認するように指導します。

コンベア作業の練習

　これらの作業を行う前段階として、運搬業務についての安全指導を行います。具体的には、

　○安全を図るための適切な服装

　○台車に積む適正な荷物の量と積み方

　○台車を使った移動の方法

　○曲がり角や段差の注意点

　○エレベーターの使い方、

を順次指導していきます。これらは、ワークシート等で事前に指導した後、実際の作業を行う中で具体的に練習します。

**箱作りや段ボール箱の処理／商品の梱包、検品、発送業務**

　箱作りについては、地域の作業所等から箱作り作業を受託し、取り組んでいくことが理想ですが、ボール紙に箱の展開図を印刷し、裁断から組み立てまでを職業の時間に行うことも一つの方法です。紙類の分別、廃棄については、本書の「文書管理（紙リサイクル等）」で詳しく述べられていますので、ここでは省略します。

　商品の梱包、検品、発送業務は、学校内では発送する商品がないので、例としては学校公開の資料のセット組みや案内状など郵便物の発送業務を行っています。印刷物の種類と数を記入した伝票を用意し、流れ作業でセット組みする人、セットがきちんと揃っているかチェックする人、封入して封緘する人と分担を分けます。セットをチェックする人はできれば二名で行い、それぞれが確認したことがわかるように、チェック表を用意しておくとよいでしょう。

**ピッキング、在庫管理**

　ピッキングや在庫管理業務の練習は、伝票やリストの見方、実際の照合作業を通じて種類や数を間違いなく行うことが中心となります。

　伝票やリストには様々な様式がありますが、「物品名」「品番」「個数」「納入先」の四点が明記されているのがよいでしょう。特に物品の品番については、普段意識することはほとんどないので、身近に用意できる事務用品等を題材にしながら読み取り方の練習をすると、実際の場面で実施できるようになります。

　校内の物品を納める棚を、生徒が自分で必要なもの取り出せるように整備することは、単にピッキングの練習に役立つだけでなく、学校全体の業務を円滑に進めるためにも、ぜひ取り組んでほしい内容です。印刷室の紙類の置き場所や事務用品の棚を整備するほか、教室の物品入れを校内で統一して整備することなどが比較的取り組みやすいでしょう。棚本体への表示は、物品の名称や写真、番号などを実態に合わせて行います。同時に見取り図を作成し、生徒がそれを見ながら作業を進めることができるようにします。

## ② 作業の実際

### 校内実習での物流班の実践

　本校では、2年生や3年生の産業現場等における実習を行う事前学習として校内実習を計画し、生徒が実習で行う業務に必要な知識や態度を事前に学習することを目的に、いくつかの班を編成して行っています。

　近年は、事務・物流班等を設けその中で輸送・在庫管理に関する内容の学習も行っています。ここでは事務・物流班の実践例を紹介し、輸送・在庫管理業務に関する学習の基本的な進め方を見ていきます。

### （1）作業の始まり〜輸送・在庫管理の基礎

　輸送・在庫管理の学習を行うにあたって、最初に輸送や在庫管理を行うことの意味やどのような内容の作業があるかについて、具体的に学習します。本校ではまず、宅配会社のビデオを見ながら物流業務全体についてイメージをもった上で、卒業生や実習生が行う作業を写真やビデオで確認しながら、仕事内容や取り組む上で必要なことを生徒同士で話し合いまとめていきます。「お客様から大切な荷物を預かり、お客様に届ける」ことが目的のサービス業であることを理解できるようにします。

　安全指導では、

　　○ 周囲の状況を自分の目で確認しながら運ぶ
　　○ 服装は長そで、長ズボンで作業する
　　○ 運搬時は必要に応じて軍手を着用する

の三点を中心に指導します。

### （2）台車の取扱い

　ここでは、単に台車の取扱いに慣れるだけでなく、物を運ぶ時にはどのようなことに気をつければよいか、お客様やすれ違う人とどのようにコミュニケーションをとればよいか等、輸送業務の基本となる事項を具体的に学習します。

　まず、台車への荷物の置き方を学習します。できれば大きさの異なる空の段ボール箱を用意し、大きなものを下に小さなものを上に、バランスよく載せられるようにします。空間認知の苦手な生徒も多いので、台車に荷物を載せた写真を複数用意し、どれがバランスよく荷物を積んでいるかを自分で判断し、実施できるようにしていきます。第二段階では、実際の物品を載せる練習をします。重いものが下、軽いものが上が基本ですが、壊れやすい物や積み重ねにくい物など、いろいろな物品を取り扱う中で、なるべく自分で判断して積めるようにします。箱の中に何が入っているか、確認しながら作業を進めるように意識づけも行います。

次に、実際に荷物を積んで台車を動かします。はじめのうちは生徒同士で評価し合えるように二人一組で交互に行います。持ち手の部分は必要があれば軍手等を着用して両手で持つようにしましょう。台車を動かす時の基本は、「自分の目で進む方向を確認しながら動かす」ことです。これは、前方をよく見て、段差や障害となるものがないかどうか、確認しながら移動することが確実に身につくようにすることを目的とします。学校ではなかなかできませんが、大型のボックスを移動する時は、押しながら移動するとボックス自体が邪魔になって前が見えないので、振り返って前を見ながら後ろ向きにボックスを引っ張ることになります。事業所では、実際に台車や大型のボックスの移動時に、前方不注意が原因で事故になることがあるので、この点の指導は具体的な場面の写真等も使いながら徹底していきます。

　また、あいさつや声を出して相手に自分がいることや荷物の移動中であることを知らせることが、安全確保の面からも重要であることを伝えます。具体的には、人とすれちがったり曲がり角や見通しの悪いところに来たら、「（荷物）通ります」などと声を出すようにします。

　台車の移動は、まずは廊下等で行い、慣れてきたら段差のある場所や戸外についても経験してみます。段差のある場所では、荷物が崩れないように押さえながら動かすようにします。また、戸外での移動では、台車は室内とは違ったら動き方をするので、一度体験しておくことが望ましいでしょう。

　実際の事業所では、平面の移動だけでなく上下の移動もあるので、条件が整っていればエレベーターを利用する練習も行います。荷物をエレベーターに載せる時はドアに挟まれないよう保留ボタンを押してから載せること、エレベーター内に先に人が乗っていたら「失礼します」と言ってから乗ることなどを指導して実際に行います。

　台車の取扱いに関しては、練習メニューを作り単独で行うことも可能ですが、できれば物品の補充業務等と組み合わせて取り組むと、作業としてよりよいものになると思います。


**（3）印刷室の紙の補充**

　ここでは印刷室の紙の補充を例にとって、輸送・在庫管理業務の実際について説明します。

　日常的にコピーや印刷業務を行う印刷室では紙が欠かせないものですが、この補充を生徒の作業とします。年間を通した事務的作業の一部として、印刷業務に取り組む前の作業に紙の補充を位置付けるのがよいでしょう。本校では、校内実習の事務・物流班の作業の一部として、毎日担当に割り振られた生徒が行いました。

　作業を始める前に、紙の種類や大きさについてあらかじめ写真などを用いながら学習します。Ａ４やＡ３など紙の大きさを実感するために、作業場所に貼り出して確認できるようにしておくのもよい方法です。

　印刷室の紙を置く場所や倉庫では、あらかじめ紙の種類や大きさでまとめ、棚には紙の種類を表示しておきます。また、Ａ４やＡ３など紙の種類ごとに必要な数を記入しておきます。数の単位は、一梱包ごとがよいでしょう。写真や見取り図を作り、必要な場所に常備しておくと、生徒が自分自身で確認しながら作業を進めることができます。

作業の始めにその日の作業分担を行います。一人で取り組んでもいいのですが、お互いに確認作業の習慣をつけるように二名一組で行うのもよい方法です。

　生徒は、作業内容の工程を記入したシートと紙補充のチェックリストを持ち、それを確認しながら作業を進めます。工程シートには必要に応じて写真等も入れながら、必要な作業を順番に記入しておきます。チェックリストにはＡ４やＡ３など、紙の種類ごとに必要数や現況数、補充数を記入できるようにしておきます。両方ともバインダーにはさんだり、首にかけられるように紐をつけておきます。

　生徒はまずチェックリストを持って印刷室に行き、棚の現況を確認しチェックリストの現況数欄に数を記入します。次にその場で必要枚数を計算し記入します。計算には電卓を利用してもかまいません。

　次に台車を持って紙の保管している倉庫に行きます。倉庫は通常施錠してあるので、事務室等で鍵を借ります。入室時に「失礼します」とあいさつをして、「印刷室の紙の補充をします。倉庫の鍵を借りに来ました」と職員に要件を伝えます。移動時・入室時のあいさつや言葉で用件を伝えることは、この業務を行う時とても重要なので、重点的に指導しましょう。

　倉庫では、チェックリストに合わせて、必要な数の紙を取り出します。倉庫側にも紙をいくつ取り出したか記入できるチェックリストを用意し、一目でいくつあるか確認できるようにしておくとよいでしょう。

　取り出した紙は崩れないようにバランスよく台車に載せます。台車への載せ方や台車による移動の仕方は①で詳しく述べましたのでここでは繰り返しません。本校では、一階の倉庫から廊下を移動し、エレベーターを使って二階の印刷室まで輸送します。移動経路にはあらかじめテープを貼り、移動経路を明確にしておくとよりよいでしょう。

　印刷室まで輸送ができたら、紙を棚に補充します。補充が終わったらもう一度数を確認します。二人で作業をしている場合は、一人が終わったら、もう一人が改めて数を確認します。これをダブルチェックと言い、作業を正確に進めるために産業現場で多く取り入れられています。数が確認できたら表の下に新しい現況数を記入し確認印を押します。この確認印は、責任分担をはっきりさせるために行います。学校内の作業においても、必要であればこのような方法を用いて、生徒が仕事に対する責任感を培えるようにするといいでしょう。

　最後に担当の教師を呼んで、棚とチェックリストを確認してもらいます。担当の教師から確認印をもらって作業完了です。


### （4）教室の事務用品補充

　紙の補充業務の応用です。教室で使用する事務用品には様々なものがあるので、取り組みやすい物品を十種類程度取り出して行うのがよいでしょう。教室がたくさんあるので、同じ作業を何回も繰り返すことになり、より実際的な業務に近いものになります。

　作業を行う条件整備として、物品を保管してある倉庫の整備と教室の事務用品置場の整備が欠かせません。倉庫は棚の場所ごとに物品を入れ、できれば種類ごとに名称や数字で表記して

おきます。また、教室の物品入れは、本校ではラックを利用し種類ごとに名称を記入していますが、番号表示をしても取り組みやすくなります。事務用品は一種類に一つの入れ物が基本なので、できれば小分けにできるラックを教室ごとに準備し、表記の仕方も統一しておくとよいでしょう。また、教室ごとにチェックリストと物品を運ぶ箱を用意します。

　作業の基本的な流れは（3）とほぼ同様です。まず、各教室でチェックリストに合わせて必要な物品の数を記入していきます。事務用品は使えるかどうかが重要なので、マジックであれば書けるかどうか確認をすることも忘れずに行いましょう。廃棄するものは別に用意したビニール袋に入れて、後で一括して廃棄します。

　倉庫では、チェックリストを確認しながら物品を取り出し、教室ごとに用意した箱に入れていきます。すべて終わったらリストを箱に入れ、他の人にリスト通り物品が揃っているか確認してもらいます。終わったら確認印を押しましょう。

　教室で物品を納入する際も、リストを確認しながら作業を行います。その作業も最後は、担当教師の確認をもらって終了となります。

## ③ 指導教材の紹介

### （1）作業を始める前に～輸送、在庫管理の基礎

■輸送・在庫管理作業の目的
- ○「お客様から大切な荷物を預かり、お客様に届ける」ことが目的の
  サービス業。

■作業をする時の約束
- ○前や周りを自分の目で確認しながら運ぶ。
- ○服装は長そで、長ズボンで作業する。
- ○運搬時は、必要な時は軍手をする。

### （2）印刷室の物品補充

■A4やA3等の紙の大きさを確認

■紙を置く場所に、種類を表示した例

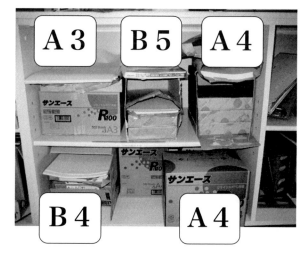

### 印刷室での作業　その1

■作業工程シートと紙補充のチェックリストを持つ。

■紙の現況数に数を記入します。

■補給する必要枚数を計算し記入します。

普通紙補給点検表

|  |  | 11月5日(月) | | 11月6日(火) | | 11月7日(水) | | 11月8日(木) | |
|---|---|---|---|---|---|---|---|---|---|
|  |  | 現況数 | 補給数 | 現況数 | 補給数 | 現況数 | 補給数 | 現況数 | 補給数 |
| A4 |  |  |  |  |  |  |  |  |  |
|  |  |  |  |  |  |  |  |  |  |
|  |  | 現況数 | 補給数 | 現況数 | 補給数 | 現況数 | 補給数 | 現況数 | 補給数 |
| A3 |  |  |  |  |  |  |  |  |  |
|  |  |  |  |  |  |  |  |  |  |

倉庫での作業

■ 台車を用意する。

■ 事務室で鍵を借ります。

■ 入室時に「失礼します」

とあいさつをして要件を伝えます。

■ 必要な数の紙を棚や段ボール箱から取り出します。

「印刷室の紙の補充をします。倉庫の鍵を借りに来ました。」

台車への荷物の置き方

■ 箱の中に何が入っているか、ラベルを見て確認する。

■ 大きなものを下に小さなものを上にバランスよく荷物をのせる。

■ 重いものが下、軽いものが上になるようにのせる。

ラベルの例

荷物の積み方

台車を動かす

■ 持ち手の部分を両手で持つ。

■ 前を見て動かす。（しょうとつ事故を防ぐ）

● 自分の目で進む方向を確認しながら動かす。

● 前方を見て段差や障害となるものがないかどうか、確認しながら移動する。

■ 人とすれちがったり曲がり角や見通しの悪いところに来たら声を出す。

■ 段差のある場所は、荷物を押さえ後ろ向きに動かす。

台車を持つ

「（荷物）通ります。」

荷物をエレベーターにのせる

■ 開延長ボタンを押してから荷物をのせる。

■ エレベーター内に人が乗っていたら「失礼します」と言って乗る。

■ 移動経路はテープで表示してある。

扉の延長ボタン

印刷室の作業　その2

■ 紙類を棚に補充する。

■ 補充が終わったらもう一度数を確認する。（ダブルチェックをする）

■ 表の下に新しい現況数を記入し確認印を押す。

■ 先生に確認してもらう。

「失礼します」

## ④ 成果と課題

　本校では、以上のような取組みを、主に2年生や3年生の実習前の校内作業として行っています。生徒は、あらかじめ希望した実習先に合わせて具体的な学習を行うので、目標もわかりやすく、意欲的に作業に取り組むことができます。また、実務スキルだけでなく、職場内での具体的なコミュニケーション技術や安全に対する意識を高めることで、実習に入っても安心して取り組めています。

　はじめにも述べた通り、学校内で取り組む場合は、受注作業を行わない限りは作業量そのものの確保が十分にできないため、輸送・在庫管理の業務のみで年間を通した作業を行うことは難しいので、現実には事務補助等と組み合わせた「事務・物流班」などのように、作業班として編成することが現実的でしょう。

　校内で計画的に取り組める業務をより具体的に洗い出し、通年の作業班として今後編成することが本校の課題となっており、現在少しずつ検討を進めているところです。

# 文書管理（紙リサイクル等）の事例

東京都立中野特別支援学校

　文書管理とは、様々な業務を円滑に進めるため、文書の作成から保管・再利用・廃棄までの管理を行うことです。文書管理には、コストダウンや仕事の効率を高める効果もありますが、今最も注目されているのは、保管情報を流出させないこと、紛失しないことなど「情報セキュリティ」としての側面です。昨今の個人情報漏洩に関するニュースでもわかるように、たった一度のミスで企業の信用が大きく損なわれてしまいます。このような点で、文書管理は非常に神経を使う重要な仕事でもあります。

　文書管理の業務の中で、紙文書を破棄する際に広く利用されているのがシュレッダーです。また、片面しか印刷されていない紙の再利用も広く行われています。この事例では、東京都立中野特別支援学校で行っているシュレッダー作業や紙のリサイクル作業について紹介します。

## ① 文書管理（紙リサイクル）の特性と作業の展開

### （1）事務作業の一環

　そもそもシュレッダーとは、対象物を切断破砕する機械の総称ですが、現在は、対象物を特定せず単に「シュレッダー」といった場合、事務分野においては紙を細断するペーパーシュレッダーのことや、書類などの紙を捨てる際、プライバシーの保護や情報漏洩の防止のために細断する行為そのものを指すことがあります。

　現在、こうした個人情報保護に関する制度として注目されている、プライバシーマーク（Pマーク）とISO27001について解説しておきます。Pマークは、個人情報の取り扱いに特化したマネジメントシステムで、日本国内のみで使われています。個人情報保護に関して一定の要件を満たした事業者に対し、財団法人日本情報処理開発協会　（JIPDEC）により使用を認められる登録商標（サービスマーク）のことです。取得を認定されれば、このマークを自社のパンフレットやウェブサイトなど公の場で使用することができ、個人情報の安全な取り扱いを社会に対してアピールできるというメリットがあります。また、Pマークの認定は個人情報保護法に定められている個人情報取扱事業者の義務よりも厳格です。

　一方、ISO27001は、組織の情報セキュリティのすべてをカバーするマネジメントシステムで、全世界共通で使われています。個人情報だけでなく、組織が保有する情報すべてのリスク管理を行い、情報に対する様々なリスクを低減・回避・予防することを目的としています。また、技術的な対策だけでなく、組織的・人的な対策も含まれます。

## （2）文書破棄業務（シュレッダー）の拡大

　シュレッダーは、日本での開発当時には、購入者は限られていたものの、情報保全が特に重要な公的機関などは早い時期から導入していたと言われています。現在は、高度情報化社会の中で情報漏洩の危険などに対する意識の高まりや、個人情報保護法の施行により普及が進んでいます。前項（1）で示した通り、事務に関する業務では個人情報保護は最重要課題であり、文書破棄業務はPマークやISO27001取得の際にも重要となります。また、最近では紙以外の記録媒体の処理用の機械も作られています。

　シュレッダーの代表的な細断方式には、大まかに分けて縦に切るだけのストレートカット、ストレートカットに一定間隔ごとに横にも切る機能を付けたクロスカット、数ミリ四方の紙片にしてしまうスパイラルカットの三つがあります。ただし、メーカーによって呼び方が若干変わる場合もあるほか、業務用製品にはチェーンや歯車などを利用した引きちぎり方式、溶解方式などの大量・高機密性の用途に適した製品もあります。主に電動式ですが、家庭用に安価な手動式のものもあります。

　シュレッダーから出た細片は、繊維が短く切断されているため再生紙の強度低下を招くことや、水に溶かす工程で流れ出やすくなってしまうため、再生紙としてリサイクルする用途には向かないとされています。そのため、そのまま廃棄される場合もありますが、紙資源のリサイクルとして、細片をそのまま袋に入れ、緩衝材として再利用されることもあります。

　最近、家庭などで子どもがペーパーシュレッダーに指を吸い込まれて切断する事故が相次いでいます。元々子どものいない事務所（オフィス）での使用を想定した機器であり、一般家庭での子どもの使用を想定した設計がされていなかったためと考えられます。学校現場でも児童・生徒が取り扱う際には細心の注意が必要です。

　特別支援学校から企業へ就労する際の職域として事務がありますが、多くの場合シュレッダーに関する業務が全体の流れの中に組み込まれています。また、シュレッダーに特化した業務を主とする職場もあります。そのほかにも、廃棄書類の溶解処理を請け負う、大型シュレッダー搭載車で出張サービスする、セキュリティーボックスや回収箱を顧客企業に預けて後日回収し、中身やその回収箱ごと粉砕した上で証明書を発行する会社もあります。シュレッダーに特化した業務を主とする職場では、普通に細断するタイプの大型乾式シュレッダーを使うことが多いのですが、紙に水分を含ませて繊維を傷つけずに分解する湿式シュレッダーを使うところもあります。


## （3）紙類リサイクル作業

　シュレッダーのほかに、紙類のリサイクルとして次のような作業もあります。
　①個人情報の記載されていない裏紙を利用し、圧着や断裁してのメモ帳製作
　②個人情報の記載されていない裏紙に、再利用のスタンプを押して片面印刷への再利用
　③リサイクル業者と連携した、外部から文書破棄の委託
　次項から、上記も含めたシュレッダー作業や、紙類リサイクル作業の詳細を紹介します。

## ② 作業の実際

### （１）シュレッダー作業の工程例

| 順 | 工　程 | 内　　容 | 指導・配慮事項等 | 道具等 |
|---|---|---|---|---|
| ① | リサイクルする紙・ファイルを持ってくる | ●印刷に失敗した用紙・印刷<br>　…印刷室内指定場所より集める<br>●依頼を受けた事務書類<br>　…指定場所から回収してくる | ○保存場所を明確に指示する。<br>○重い物の持ち方について助言を行う。 | |
| ② | ファイルからはずす<br>封筒から出す | ●ファイリングされている書類は、ファイルからはずす。<br>●残ったファイルは、箱に入れ指定の場所へ移動する。状態のよいものはきれいにして再利用する。<br>●個人情報の含まれない封筒は再利用できるようにする。 | ○再利用の可能なファイルの清掃方法について指導する。 | 消しゴム<br>雑巾 |
| ③ | ホッチキスなど、金属をはずす | ●書類についているホッチキスやクリップを外し指定の入れ物に入れる | ○取りにくい物は、紙の部分から破りはずすよう助言する。 | ステープラー |
| ④ | 個人情報の有無による弁別 | ●個人情報の有無を確認し、弁別する。 | ○個人情報とは氏名（学校長名を除く）・自宅住所・自宅電話番号・写真等であると指導する。<br>○最終的には教員がチェックを行う。 | |
| ④ | 資源ゴミの処理 | ●個人情報を含まないもののうちで、裏面が使用済みの用紙はヒモかけをして資源ゴミとして回収に出す。 | ○弁別後の加工工程を明示する。 | 荷造り紐 |
| ④ | 再利用紙の処理 | ●個人情報を含まないもののうちで、裏面が未使用の用紙は使用済み面にスタンプを押して再利用できるようにする。 | ○弁別後の加工工程を明示する。 | 再利用紙スタンプ |
| ⑤ | 細断作業 | ●個人情報を含む紙はシュレッダーで細断する。 | ○シュレッダーの起動手順と注意事項について指導する。<br>○10枚以上入れて、つまらせないように注意を促す。 | シュレッダー |
| ⑥ | くず袋の交換 | ●くず袋は二袋分をひとつにまとめた後、口を閉めて指定場所へ廃棄する。 | ○しっかりと奥まで、くずを押し込むようにする。 | 東京都指定ゴミ袋<br>(90リットル) |
| ⑦ | シュレッダー付近の清掃 | ●くず袋の交換などで、くずがまわりに飛び散っているので、ほうきで掃く。 | | 自在ほうき<br>ちりとり |

78

## （2）裏紙をリサイクルしたメモ帳作り作業の工程例

| 紙の仕分け | | |
|---|---|---|
| 道具の準備 | 材料、箱、ホッチキス外しを作業台の上に準備をする。 | |
| 仕 分 け | 紙の束から1枚取り、良品を箱の中に入れる。両面印刷済み、サイズ違い、汚れ、破れ等の不良品が見つかれば別の箱の中に入れる。 | |
| ホチキスはずし | 仕分け中ホッチキスを使ったものが出たら随時ホッチキスをはずす。 | |
| 報　　　告 | 材料がなくなったり、箱が一杯になったら報告する。 | |
| 片　付　け | 材料、道具を所定の場所に置く。 | |

| 赤チェック | | |
|---|---|---|
| 道具の準備 | 材料、スタンプあるいは赤ペン、箱、道具を作業台の上に準備をする。 | |
| スタンプ押し | 紙の印刷済みの面にスタンプを押し（あるいは用紙の対角線状に斜めに線を引く）、1枚めくって箱に入れる。 | |
| 報　　　告 | 材料がなくなったり、箱が一杯になったら報告する。 | |
| 片　付　け | 材料、道具を所定の場所に置く。 | |

| 製　　本 | | |
|---|---|---|
| 道具の準備 | 材料、製本台、Cクランプ、クリップ、ボンド、カッター（紙やすり）、ブラシ、ボンド用皿、雑巾を作業台の上に準備をする。 | |
| 枚数かぞえ | メモ帳の用紙を30枚数える。 | |
| クランプ止め | ①30枚の束を揃え、クリップでずれないように挟む。<br>②製本台にその束を載せ、更にその上に板を乗せてクランプで上下を挟んで固定する。 | |
| カッター入れ／やすりがけ | 製本する部分にカッターできりこみを入れる。<br>または紙やすりを20回かける。 | |
| ボンドつけ | ボンドを皿に出し、ブラシにボンドをつけ塗る。余分にはみ出たボンドを濡らした雑巾で拭く。 | |
| 乾　　　燥 | 製本台を所定の場所に置き、乾燥させる。 | |
| 報　　　告 | 完成したら報告する。 | |
| 片　付　け | 材料、道具を所定の場所に置く。 | |

| 表紙つけ | | |
|---|---|---|
| 道具の準備 | 材料、治具、ペンナイフ、ボンド、ボンド用筆を作業台の上に置く。 | |
| 表　紙　折　り | 表紙になる紙に治具の上に置き、折り目をペンナイフで2本入れる。 | |
| ボンドつけ | 2本の折り目の間にボンドを筆で塗る。 | |
| クリップ止め | クリップではさみずれないように固定する。 | |
| 乾　　　燥 | 所定の場所に置き、乾燥させる。 | |
| 報　　　告 | 完成したら報告する。 | |
| 片　付　け | 道具の片付け。 | |

| 裁　　断 | | |
|---|---|---|
| 道具の準備 | 材料、ロータリーカッター、箱、ゴミ箱を準備する。 | |
| 裁　　　断 | ロータリーカッターの基準線に合わせて、裁断する。 | |
| 製品の整理 | 裁断後のメモ帳を揃えて箱に詰め、切り取った紙はゴミと再製本用の材料に分ける。 | |
| 報　　　告 | 完成したら報告する。 | |
| 片　付　け | 道具の片付け。 | |

## （3）裏紙の再利用

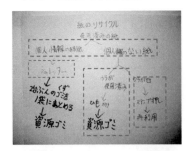

■ 紙のリサイクルは、まず個人情報の有無を確認します。基本的に何らかの名前の記載がある紙はシュレッダーします。名前の記載がないもので両面印刷物は紐を掛けて資源ごみへ、片面印刷物は再利用の表示スタンプを押して再利用へと分別します。

■ 破棄する紙類は、一旦リサイクルボックスへ集約します。以前は破棄する人の判断で、さらに分別していましたが、現在は分別も作業学習で担当しているため、一括して集約しています。

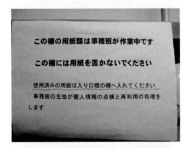

■ 集約後、作業学習で分別やシュレッダー、片面印刷物の印刷面へのスタンプ押し等の作業を行います。作業中のものと、そうでないものを混合しないようにしています。

■ 個人情報の有無は生徒が確認しています。内容について読むことや覚えることはせず、機械的に名前の有無で分別していますが、生徒に見せることのできない個人情報は、教員が直接シュレッダーするよう徹底しています。

■ 分別した紙は、そのまま紐等で縛って業者に回収してもらうもの、シュレッダーするものにまとめます。
担当するグループが交代することや、違う学年が担当する場合もあることから、作業中のものは、表示をつけてストックしておきます。

■ 名前の記載がなく、片面印刷物の再利用へと分別したものは、印刷されている面に、赤で「資源の節約のため裏面を使用しています」とスタンプします。スタンプした紙は、大きさごとにまとめて、印刷されていない面を上にして、再生紙として使えるように表示し、所定の場所に置きます。

## （4）リサイクル業者と連携した文書破棄例

　本校では、数年前からリサイクルシステム「ReCo（レコ）」に参加しています。これは、小・中学校から回収された図書教材を地域ごとに分別・リサイクルしていくシステムで、教材を販売する業者の協議会と古紙回収の業者が協力して行われている事業です。当事業への本校の関わりは以下の通りです。

---

小・中学校　→　教材販売業者　→　　授産施設・ 本校 　→　古紙回収業者　→　製紙工場
（図書教材回収）　　　　　　　　（分別・シュレッダー）　（保管・運搬）　（古紙再生）

---

| ① | 教材販売業者と打合せ | 教材販売業者に連絡をとり、回収した図書教材の本校への搬入方法を確認します。 |
| ② | 古紙回収業者と打合せ | 授産施設の場合、搬入や搬出を施設側で行う場合もありますが、本校では運搬できないため、ReCoに相談し回収業者に運搬をお願いしています。 |
| ③ | 参加確認 | 条件が合わなければ実施しないという選択肢もあります。正式に参加を決定したら、ReCoに受諾を書面にて連絡します。後日参加者名簿が送付されてきます。 |
| ④ | 図書教材の持ち込み | 事前の打合せに沿って、教材販売業者が回収した図書教材を搬入します。持ち込み期間は通年ですが、４～７月がピークです。 |
| ⑤ | 計量・記録 | 搬入の際は担当者が立ち会い、分量を記録します。持ち込み量はダンボール数でカウントします。１か月に一回は、記録をReCoにも報告します。 |
| ⑥ | 分別・シュレッダー | 持ち込まれた図書教材は、指示に合わせて分類し、シュレッダーが必要なものは作業学習でシュレッダーします。校内での再利用や外部への持ち出しは厳禁です。 |
| ⑦ | 古紙回収業者へ引き渡し | ある程度分量がたまったら、古紙回収業者に連絡し引き取ってもらいます。この際も、分量を計測し、検量票を作成してReCoに報告します。 |
| ⑧ | 分別費 | 分別費として、重量に対して一定額が支払われます。なお、本校では分別費は受け取っていません。 |

## （5）配慮事項

 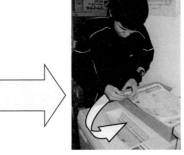

■ シュレッダーに正面から紙を投入すると、ネクタイ等巻き込む危険性があることから、スペースが作れる場合は横に立ちます。

■ 作業者は、シュレッダーの横に立ち、裁断する限界より少ない枚数で、順次送り込みます。
紙くずが満杯になったと表示が出た場合、一度機械を止めて、紙くずを手で圧縮します。最終的には、ひとつの袋に機械2杯分程度の紙くずを一緒に入れます。

■ 学校に置かれているシュレッダーは、移動可能なものが多いと思われます。狭いスペースで作業することが学習となる場合でなければ、広い場所へ移動することや、向きを変える等の工夫が考えられます。

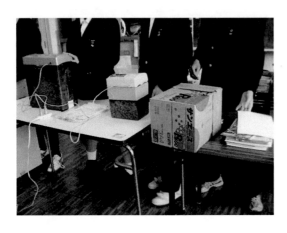

■ 小さなシュレッダーを使用する場合は、座って作業することもできます。作業の目的に、立ち仕事への適性を考えることや、同じく立ち仕事に必要な持続性などを求める場合は、机や台の上に置いて、立ったまま作業することもできます。

## ③ 指導教材の紹介

### （1）配　置

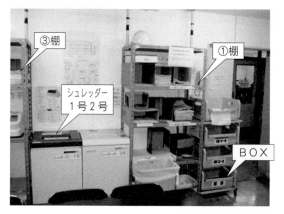

■ BOXには、これから分別等作業に入る紙を入れてもらい、①棚には作業中の紙を収納しています。③棚には、拡大印刷機やラミネート機、リールコードや大型カッター等を収納しています。

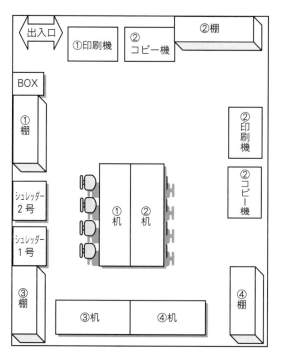

■ ②棚には新しい紙と、再生紙を収納しています。印刷機、コピー機にすぐ補充できるように棚を配置しています。

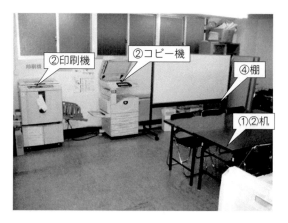

■ ④棚には、③④机に配置するノートPCやスキャナー、プリンター、事務作業で使う物品等を収納しています。①②机は作業に合わせて配置を変えることができます。
必要に応じて写真にあるホワイトボードを使用して指導します。

## （2）表　示

■ 安全上の注意点を表示して、視覚的に注意を促しています。
「10枚以上入れると、つまります」
「手を入れない！　ケガします！」

■ 生徒に見せることができない個人情報が記載されている書類等は、教員が直接シュレッダーをかけるため、教員向けにも表示をしてあります。こうした表示類も、生徒が作成しています。
「シュレッダーをかける時は 2 ～ 3 枚の少ない枚数でお願いします」

## （3）道具・教材

■ オフィス用のシュレッダーです。紙くずが満杯になった場合や、詰まってしまった場合などに、一度電源を切ることや、逆回転で詰まった紙を取り除くなど、とくに安全性に関わる事項については、どのように対処するか事前に生徒へ周知する必要があります。また、紙くずの廃棄方法は、事務室や用務室と相談しておく必要もあります。

■ 家庭用の小型シュレッダー機器です。電気式ですが、長時間の利用でオーバーヒートして止まってしまう可能性もありますので、使用時間には注意が必要です。

**（4）校内での連携や留意点**

- 作業場所が印刷室等の場合は教職員やPTAも使用することから、作業時間には生徒が作業場所を優先的に使用する共通理解が必要です。
- 作業場所が共用スペースの場合、機器類の説明書の置き場所や、どの棚に何を収納するのか、原稿を置きっぱなしにしないなど、常に整理整頓を心がける必要があります。
- コンセントは生徒の動線にぶつからないよう、どの配線を使用するか配慮します。また、どの機器には安全上どんな注意が必要か表示するなどの準備も必要です。
- 片面印刷された紙の裏側再利用や、製作したメモ帳を、教職員へ呼びかけて実際に使用してもらう必要があります。
- とくに生徒に関わる個人情報が記載されている書類の廃棄は、教員自身の手で行うように徹底が必要です。また、新聞や雑誌類、封筒など最初の分別をしっかりと行う必要があります。
- 事務室や用務担当の職員と事前に相談して、使用するゴミ袋や廃棄する場所、ひと袋に入れる紙くずの量などを確認し、作業の流れに組み込む必要があります。

## 4 成果・課題

○成　果

- 事務系作業の現場実習で、シュレッダー作業が含まれる場合に、生徒が活動の見通しをもって取り組むことができています。
- 印刷に必要な紙類の補充など、生徒の作業内容の充実拡充によって、教職員の業務効率の向上にも寄与しています。
- 学校における、書類の個人情報漏洩防止上重要な役割を担っています。
- 共用スペースを使用する上でのモラルが向上しています。
- 裏紙を使用した印刷の拡大により、紙の使用量が減少しました。

○課　題

- 機器の数量により、作業量が限定されます。
- ほかの事務系作業との組み合わせにより作業場所が複数になると、指導教員を分散する必要があり、安全への配慮が必要な場合、活動が制限されます。
- 近隣の企業と連携して、個人情報に関わらない紙のリサイクルなどで連携する取り組みが考えられます。
- 処理した量などを記録し、どのようにリサイクル活動として貢献したか数値上明らかにしていく必要があります。

# 図書室書籍の製本及び事務的活動等の事例

鳥取県立倉吉養護学校

　鳥取県立倉吉養護学校では、社会と地域の経済情勢等の変化からサービス業へ就労する生徒が増えている現状を踏まえ、平成17年度からサービス系作業種の設置の検討を始めました。平成19年度に「流通サービス班」を高等部内に設置し、様々な就労の形態に対応できる作業班をスタートさせました。幅広い活動内容とすることで、生徒たちの就労への不安を取り除き、自信をもって実習を行う力、就労に向けて必要な力をつけることをねらいとします。

　本作業班には、一般就労や進学を目指す「産業・流通コース2・3年全員（平成20年度12名）」が在籍します。他コースや他学部に在籍する生徒の希望に応じて、体験や活動参加の受け入れも行っています。

## 流通サービス班活動内容

### 事務的活動内容

○情報サービス

　図書室内で書籍のビニール製本を主に行います。

○印刷サービス

　事務的活動全般を行います。受託から納品まで実施します。

学校行事での流通サービス班の活動紹介コーナー

### 事務的活動以外の活動内容

○クリーンサービス　　　　　　　　　　　　○ランドリーサービス

　トイレ清掃　　正面玄関窓ガラス清掃　　校長室清掃　　　職員室給湯ポット敷交換　　洗濯物干し　　受注品のアイロンがけ

○配膳サービス　　　　　　　　　　　　　　　　　　　○喫茶サービス（3学期）

　　パンの配膳　　　　ごはんケースの水洗い　　給食後のコンテナ移動　　店内での接客風景（学校行事）

# 高等部流通サービス班活動一覧（平成21年1月現在）

| 活動グループ | 活 動 内 容 | 活動時期 |
|---|---|---|
| ①ランドリーサービス | 小学部肢体不自由クラスのタオル等の洗濯・乾燥・納品<br>中学部肢体不自由クラスのタオル等の洗濯・乾燥・納品<br>高等部希望クラスのタオル等の洗濯・乾燥・納品<br>保健室のタオル・エプロン等の洗濯・乾燥・納品<br>職員室洗い場のタオル、ポット敷等の洗濯・乾燥・納品<br>倉養ばやし衣装の洗濯・乾燥・アイロンがけ・納品<br>倉養ばやし衣装の管理・保管<br>校内で依頼された白衣などの洗濯・乾燥・アイロンがけ・納品<br>高等部棟洗濯室の清掃・管理<br>体育用ゼッケンの洗濯・乾燥・アイロンがけ・納品<br>物干し竿の衛生面の確保のための清掃・管理・営繕<br>活動室内のアイロン（5台）とアイロン台の管理・営繕<br>活動室内のアイロン（5台）とアイロン台の貸し出し業務・貸し出し簿管理（※印刷サービス）<br>活動日カレンダーの配布（※印刷サービス）<br>定期的な顧客アンケートの配布・回収・集計（※印刷サービス）<br>納品した受注品の数量確認（※印刷サービス）<br>注文書（控え）等の伝票の管理・保管（※印刷サービス） | 不 定 期<br><br><br><br><br>不 定 期<br><br>不 定 期<br><br><br><br>毎 月<br><br>各学期末 |
| ②情報サービス | 本校書籍のビニール製本<br>本校書籍のデータベース入力<br>図書室の棚卸し業務補助<br>図書室内で活動に使用する文房具・道具類の管理<br>定期的な図書室内の清掃<br>ビニール製本した書籍数の数量確認（※印刷サービス） | 不 定 期 |
| ③クリーンサービス | 正面玄関（玄関まわりや窓ガラス、側溝）の清掃<br>管理棟1階西トイレ（男女）の清掃<br>流通サービス班所有の清掃道具の維持管理・営繕<br>流通サービス班活動室の清掃（※ランドリーサービス）<br>校長室及び管理棟廊下の清掃 | |
| ④配膳サービス | 高等部生徒・教職員100名分の配膳及び配膳点検<br>高等部生徒特別食の配膳及び配膳点検<br>配膳台・配膳用ワゴンの消毒・清掃<br>給食時の「おかわりできる量」等の連絡<br>配膳前と昼休憩の給食コンテナ移送<br>2階ランチルームの掲示物の管理と充実（※印刷サービス）<br>毎日の所要配膳時間の記録とデータベース化（※印刷サービス）<br>食品衛生に関わる学習・指導者を招いての講習（※喫茶サービス）<br>白衣・マスクの衛生的な管理、洗濯 | 給 食 時<br><br><br><br><br><br><br>不 定 期 |
| ⑤印刷サービス | 毎月の活動日カレンダーの作成・印刷（※ランドリーサービス）<br>ランチルームの「こんだて表」記載・掲示・納品（※配膳サービス）<br>学校校内外から依頼された名刺製作・印刷・納品<br>校内依頼文書のラミネート加工・納品<br>校内3か所の流通サービス班掲示コーナーの維持管理<br>校内掲示物の作成・編集レイアウト・掲示<br>活動の様子のデジカメ撮影・画像保存<br>ランドリーサービス注文書・納品書等伝票（3枚）の印刷ととじあわせ（※ランドリーサービス）<br>校内での依頼文書の入力・作成・印刷・納品<br>学級掲示用時間割カードの作成・納品<br>校内依頼文書のとじ合わせ（内容的に可能なもの）<br>校内消耗品・備品等のネーミング<br>流通サービス班活動室の掲示の充実・管理<br>流通サービス班のパソコンやプリンター、スキャナーの管理と使用法講習（※情報サービス）<br>顧客アンケートや要望等の集計（※ランドリーサービス）<br>作業日誌の印刷<br>リサイクル封筒・メモ用紙製作・納品（事務室等依頼分）<br>児童生徒会役員選挙投票用紙製作・納品（児童生徒会依頼分）<br>ミニチュア校舎模型制作（校内依頼分） | 不 定 期<br><br><br><br><br><br><br><br>不 定 期<br>不 定 期<br>不 定 期<br><br><br><br>不 定 期<br><br><br>不 定 期<br>不 定 期 |
| ⑥喫茶サービス | ゆうあいショップの「カフェ&スイーツRS（アールエス）」の開設<br>レジの打ち方、接客、オーダー用紙記載の講習会<br>ショップの店内外レイアウト図の作成と机・イスなどの配置準備<br>レジ、コーヒーメーカー、ポット、食器類の管理<br>食器類の確認と衛生的な管理のための学習（※配膳サービス）<br>「カフェ」で使用するスケジュール表、オーダー表、メニューの作成・印刷（※印刷サービス）<br>「カフェ」の看板・ショップ内外の掲示物等作成 | 3 学 期<br>3 学 期<br>3 学 期<br><br>不 定 期<br>3 学 期<br>3 学 期 |

備考1　青色は事務的活動です。　　　備考2　（※　　　　　　）は相互に協力・関連している活動です。

● 現時点で60種類以上の活動を行っています。その領域は今後も増やす予定です。校内でふさわしい仕事を紹介していただき、多くの支援や応援の下で毎日の活動が成立します。幅広い業務を行うことで、進路へ向け自分に合った活動を見つけることにもつながっています。

## 1 流通サービス班の1日の活動スケジュールについて

| | ①ランドリー／配膳<br>（H20年度4名） | ②情報／配膳<br>（同4名） | ③クリーン／印刷<br>（同4名） |
|---|---|---|---|
| 10時45分<br><br>10時50分 | **全体確認会**<br>流通サービス班活動室に生徒・指導者全員が集合します。生徒は全体確認会が始まるまでに日直名や自分の担当活動、配膳サービスのコンテナ当番を作業日誌に記入します。今週の日直の司会進行で、「前日からの課題の報告と話し合い、今日の活動の確認」を行います。その後グループごとに分かれ、今日の活動の確認をします。 | | |
| 10時50分<br><br>前半の活動<br><br>11時30分 | **ランドリーサービス**<br>校内の洗濯物の集荷と洗濯、必要に応じてアイロンがけをして納品します。 | **情報サービス**<br>図書室に移動し、本校書籍のビニール製本を行います。完成後、司書の先生へ納品します。 | **クリーンサービス**<br>道具運搬・担当場所へ移動。正面玄関周辺、職員室前の男女トイレ、校長室など校内の清掃を行います。 |
| （5分） | 移動及び日誌の記入、全体確認会準備 | | |
| 11時35分<br><br>11時40分 | **全体確認会**<br>全員が流通サービス班活動室に集合し、事前に日誌に記入した上、日直の司会で活動を報告します。その中で「課題や成果」を毎日共有することで、生徒による活動全体の前進を目指します。その後、後半の活動、明日以降の予定等について連絡を行います。 | | |
| （5分） | ランチルームへ移動及び更衣、配膳準備、コンテナ移送 | | 高2－1教室へ移動と活動準備 |
| 11時45分<br><br>後半の活動<br><br>12時20分 | **配膳サービス**<br>ランチルームでの打ち合わせ後、高等部生徒・教職員約100食の給食の配膳、配膳点検を行います。 | | **印刷サービス**<br>確認会後、名刺製作、校内掲示物作成など事務等に関わる活動全般を行います。 |
| 12時20分<br><br>12時25分 | **配膳サービス確認会**<br>配膳終了後、リーダーの司会で今日の活動についての報告を行います。今日の課題や反省点、よかったことなどの意見を出し合います。その後更衣をし、各自の教室で日誌の記入と指導者への提出を行います。 | | **印刷サービス確認会**<br>片付け後、日誌を記入し、リーダーの司会で今日の活動の報告等を行います。 |

　活動は20日間ごとにローテーション（①→②→③の順番）を行い、年間を通じてすべての活動を経験できるようにしています。また、事務的活動に関わることができるように毎日の活動時間を編成しています。それぞれの活動には3年生が1名以上おり、前半・後半の活動でグループリーダーを担当します。同時に3年生から2年生への各活動の初回講習や日々の指導も行っています。本作業班の担当教員は3名です。

　事務的活動を主として行うのは、情報サービスと印刷サービスです。ランドリーサービスでも、仕事をいただいた先生方や他生徒にも分かりやすく正確で丁寧な「注文書・納品書」の作成、集荷・納品時に適切なコミュニケーションを図ることも事務的な活動です。

　2月上旬の学校行事「ゆうあいショップ」での「喫茶サービスによる喫茶店のオープン」に向けて準備を行うため、1月中旬からは特別時間での活動体制をとります。

## ② 情報サービスで行う図書室書籍のビニール製本について

　流通サービス班の初年度からの活動です。学校には毎年たくさんの書籍が納入され、ビニール製本（ブックコーティング）を行った上、書架に並べられています。図書館司書及び司書教諭の先生方にとっては重要な活動の一つですが、時間と手間がかかります。この書籍のビニール製本には事務的活動の要素とあわせ、生徒たちにとって将来の就労や活動する上で大切な達成感につながる多くの要素が含まれており、現時点では以下の７点を考えています。

①カッターや定規など、文房具や道具を適切に使用しなければできない活動であること。

②書籍を保護し、大事に扱うための活動であり、スピードを競うのではなく丁寧に正確に製本する必要があること。

③ビニール製本した書籍が、本校児童生徒にとって役に立つものであると意識しながら作業できることが、活動への意欲につながること。

④将来的に図書館等に就職する場合には、必要な技術であること。

⑤自分がビニール製本した書籍を記録に残すことで、何冊を製本したか自己集計を行う。学期ごとに印刷サービスの業務の際に集計し、製本冊数の合計を作業班内で発表、校内掲示により報告することで、皆で協力して製本活動を行ったという達成感が得られる活動となること。

⑥図書室での活動のため、道具整理や他の利用者への配慮を心がける必要性があること。

⑦司書の先生や指導者との相談、報告など適切なコミュニケーションが求められること。

**ビニール製本活動の概要（わからない漢字や言葉は教えあい、ふりがなをつけます）**

１．必要な道具の準備をする。

製本する本、カッター、カッターマット、
はさみ、厚みのある定規（30㎝以上）、
枕木（シートの貼り付けで使用）、
製本用ビニールシート、ゴミ箱、
活動中の紙札

２．本のサイズに合ったビニールシートを用意する。

３．本のサイズに合わせて、シートをカッターかはさみでまっすぐに切る。

　ポイント　上下左右共に２㎝の幅を余らせるように……。最初が肝心。

4．片端2cmに折り目をつける。折り目をつけた2cmを含め少しシートをはがし、折り目と本を合わせ片面から貼っていく。くぼみは定規の先で、空気を抜いてしっかり貼る。

ポイント　まっすぐ貼る。斜めに貼ると本によっては貼り直しできなくなる。

5．本をカッターマット上に置く。四隅をカッターで「ハの字」のイメージで、本の角部分の保護のため隅を必ず含めるように切る。左右のシートを内側に折り込んで貼る。

6．背表紙部分と背表紙から左右に2cmずつカッターで切る。次に斜めに外側に向かって台形を意識し切る。枕木で本を支え、シートが付かないようにし、切る箇所はマットに密着させる。

7．上下のシートを内側に貼り込み完成。空気が入った場合、カッターの刃先で切って抜く。

## 製本の手順について（カバーなしの本の場合）

○　「活動中」の紙札を置く。

シートのカット

1　本の大きさに合ったビニールシートを用意し、片側に2cm幅を余らせて置く。

2　本を回転させながら、背表紙の幅も含め必要なシートの長さを測る。

3　2cmの幅を余らせ、シートの長さを確認し、鉛筆で台紙に印をつける。

4　はさみかカッターでまっすぐに切る。

5　上下に2cm以上の余りがある時は、余分な部分を切り落とす。

シートの貼り付け

6　2cm分のシートを折り、台紙をはがして貼り付ける。

7 定規を使いながらシートを貼っていく。

8 背表紙近くのくぼみも含め、貼り終えた後、空気が入ってないか確認する。

9 背表紙はカッターマットに押し付けながら貼る。指先でしっかり確認する。

10 本をゆっくりと裏返す。

11 反対側の面も同じ方法でシートを貼っていく。

12 貼り終えたら空気が入ってないかチェックする。

## 四隅のシート処理

13 本を広げ、きれいに2cm幅の余り部分ができているか確認する。

14 本を広げたまま、カッターを使い、片仮名の「ハ」の字のイメージで切る。

15 他の3つの隅もカッターで処理する。

16 4隅を切り終えた後、シートの両端を持って本の内側に貼り込む。

17 中央から外側に向かって貼ることがポイント。

## 背表紙のシート処理

18 背表紙部分から両側2cmずつ切り、台形になるよう外側へ斜めに切る。

19 慣れるまでは枕木でシートが付かないように支える。

20 背表紙部分も含め、台形に切り取る。

21 切り終えたすべてのビニール片は、捨てずに机の端などに貼り付けておく。

22 空気が入らないように16・17と同様に内側に貼り込む。

23 背表紙を台形に切り取る作業を反対側の背表紙も行う。

24 貸出用紙にシートを貼り付けないように気をつける。

ビニール製本仕上げ

25 シートの貼り込みの完成。

26 背表紙がきれいに揃ってない時は、はさみで整える。

27 角部分も整っていない場合、はさみで整える。

ビニール製本の完成　　　　　　　　台紙・ビニール片の処理

28 本を傷つけないように気をつけ、すべての箇所を整える。

29 できあがり。

30 はがした台紙の白い面を内側に折っていく。

92

31 小さく折った後、21のビニール片を貼り、小さくまとめる。

32 シート台紙も小さくし、出るゴミの量を減らす。

最終確認

33 司書の先生に点検してもらう。

## 書籍名の記録

34 作業学習ファイルを用意する。

35 製本した書籍名を記録シートに記載する。

| 月・日 | 製本した本のなまえ |
|---|---|
| 11/5 | おしゃれなインテリア |
| 11/6 | べんりなインテリア小物 |
| 11/6 | 色えんぴつ、クレヨン、フェルトペンの使い方 |
| 11/10 | あたしたちの からだ |
| 11/10 | ホチキス、クリップ、テープのつかいかた |
| 11/11 | ちょこまかくまさんと のっそりくまさん |
| 11/11 | 特別の日のごはんつくろう |
| 11/12 | おいしいおかし |
| 11/12 | きらきらきもち |
| 11/13 | トランプの手品 |
| 11/13 | ひもと ハンカチの手品 |
| 11/17 | 子ウシの話 |
| 11/17 | かぶとむし |
| 11/19 | とけいの3時くん |
| 11/19 | ゆうれい船 |
| 11/20 | 空とぶ木馬 |
| 11/20 | 金いろのシカ |
| 12/1 | なむ チンカラ トラ ヤーメ（カバー付き） |
| 12/2 | いぬと ねこと ふしぎな たま |
| 12/2 | あめんぼがくんだ |

高等部 流通サービス班

書籍名を記録した用紙例

**4月21日〜12月16日までの本の製本の数の報告です。**

流通サービス班が本の製本を一生懸命しました。
結果は合計297冊できました。
高等部流通サービス班が製本した本が、みなさんに大事に読んでもらえるとうれしいです。

**高等部 流通サービス班 一同**

製本活動の校内掲示例

3つのポイント

①シートカットはカッター、最終仕上げははさみを使う。

②本の保護や仕上がりを考え、カッターで切る時は本の縁を1〜2mmゆとりをもたせる。

③机上の整理をしながら活動し、使う道具も大切にする。また、余分なゴミを出さないよう心がけ、ゴミの少量化に努める。

## 失敗した時や注意すること

①貼ってしまった後、失敗してシートをはがす時は注意してください。ビニール表紙の本の場合はシートをはがせますが、紙表紙の本や劣化した本の場合は、本の表紙の紙がはがれます。黙って自分の判断ではがさず、先生に報告します。

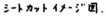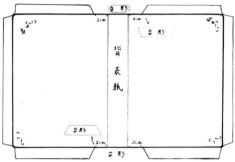

シートカット イメージ図

②困ったことがあったら、小さなことでも先生にすぐ相談してください。

③時計を見ながら活動してください。11時20分をすぎたら、新たな製本はしないようにしましょう。

④11時30分までには片付けにかかり、日誌を記載してから移動し、11時35分には流通サービス班活動室で全体確認会に参加します。

⑤製本後は1冊ずつ先生に報告し、その書籍名は必ず図書室で記録してください。

⑥場所をお借りしていることを常に忘れず、整理整とんを心がけます。

⑦図書室入室時、退室時にはあいさつをお願いします。

|最後に| 製本は競争ではありません。スピードは、速すぎても、遅すぎても×です。1日最高3冊でお願いします。2冊以下でも○です。

## 生徒の活動について

①生徒は3冊ほど仕上げると作業工程を覚え、マニュアルなしで製本ができるようになります。毎日意欲的に活動しています。

②グループリーダーの3年生が、活動に必要な道具の準備の確認、片付けの最終チェックを毎日行っています。

## 指導にあたって気をつけていること

①カバーつきの本は、カバーなしの本の製本技術が十分であると指導者が判断した場合、製本を開始させるようにしています。作業内容は以下の2点が異なります。

（ア）本が反るのを防ぐため、シートの貼り付けで背表紙付近は少し余裕をもたせて貼り付けます。

（イ）背表紙のシート処理で切り離さず、台形にカバーの内側に貼り込みます。

②失敗の例として以下の点が挙げられます。

（ア）最初のビニールカットで斜めにシートを切ってしまう。

（イ）空気を入れてしまう（小さい空気胞はカッターの刃先で空気を抜きます）。

（ウ）シートを本にくっつけてしまう（台紙をはがしたシート面は粘着性があります）。

（エ）作業に取り組む姿勢や意識に差があるグループも見られ、指導者の不在時に私語がある。

（オ）失敗した時に報告せずに隠し、修正不可能にしてしまう。

## ③ ビニール製本以外の事務的活動の事例紹介

**活動の様子などの校内掲示物の作成**

「学校間交流の様子」
「新しい活動紹介」
「リサイクルの取り組み」
「就職セミナー報告」
「活動成果物の紹介」
などの掲示物も作成しています。

日々の活動の紹介① 日々の活動の紹介② ランドリーサービス納品数報告

**「活動日カレンダーなど配布用印刷物」「掲示物」等作成、印刷、掲示、貼り替え、保存**

**流通サービス班校内掲示コーナーの管理（校内３か所）**

○ 枠も設定した上で、落ち着いたデザインで統一感をもたせるのが掲示活動のポイントです。１か所は流通サービス班活動室入口、他の２か所は校内で児童生徒、先生方の目に触れやすい場所に設置しています。

**「給食こんだて表」記載とランチルームへの掲示、給食担当教職員へ納品**

○ ランチルームの掲示例です。

**ランドリーサービスの伝票、情報サービスの記録シートの集約とデータ入力、掲示物作成**

○ 定期的に納品書等の集計、文書化を印刷サービスにて行い、校内掲示を行っています。

## 学校で使用するリサイクル封筒・リサイクルメモ用紙製作、納品

Ａ４サイズの用紙をリサイクルしてのメモ用紙作成　　　　完成したリサイクル封筒と生徒による納品

## 活動の様子の撮影及び画像データの保存

○生徒や教員がデジタルカメラで撮影した作業学習活動の画像を、パソコンの専用画像フォルダに保存します。

## 作業日誌、納品書・注文書・注文書（控え）の印刷や綴じ合わせ

○作業日誌、ランドリーサービスで使用する納品書等伝票、情報サービスで使用する記録シートなどの印刷及びホッチキス綴じを行います。

印刷した納品書

## 校内外で依頼された名刺の編集レイアウト、印刷、納品

○依頼のあった名刺を作成します。ご要望にお応えし、質の高い仕上がりを目指します。

## 校内で依頼された文書の作成（パソコン入力含む)、ラミネートコーティング、印刷、綴じ合わせ

## ④　今までに行ってきた主な事務的活動（不定期活動）の事例紹介

## 校内展示用ミニチュア校舎模型制作

 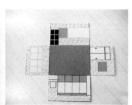 

○教室模型です。大きな校舎の枠にはめ込んで、校舎模型を完成させます。

**校内消耗品等のネーミング**

○ 校内にある記載可能な食器などの消耗品・備品のネーミングを丁寧に行います。

**教室掲示用時間割カードの製作とその過程**

 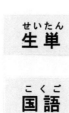  

①教科名の印刷
②台紙・教科名カット
③貼り合わせ
④ラミネート加工
⑤形を整えてカット
⑥裏面の磁石つけ

**校内掲示の大切さについて**

　校内掲示は、流通サービス班スタート時から力を入れている活動です。

○ サービス系の作業班は製品の製作を目的としないため、製品完成による達成感が得られにくいといった課題があります。校内掲示物を作成することで、生徒作成による事務的活動による成果物を多くの児童生徒、教職員、保護者の方々、来校者の皆様に見ていただくことは宣伝となり、目に見える形での活動の紹介となります。

○ 活動日カレンダーでの活動日の案内、名刺製作や文書ラミネートコーティング等の注文を校内から受託するための活動の重要な1つの手段となっています。

○ 校内掲示することで活動の様子が常にオープンになるため、生徒にとっても「普段から作業学習にがんばらなければ」との意識や意欲の向上につながっています。

○ ①撮影、②画像処理、③文章記載、④編集レイアウト、⑤印刷、⑥掲示までの手順に沿った一連の文書作成に関わる過程が活動の中で習得できます。

○ 校内掲示コーナーに関しては情報の鮮度を常に追及し、月に2回以上掲示物の貼り替えを行うことで、新しい情報の提供を絶えず行う取組みとすることができます。

## ⑤ 製本以外の事務的活動の取組みとその意義について

　活動の目的を明確化し、その過程が就労へつながる内容で、校内で必要だと考えられるものを中心に取り組んでいます。日々の活動の様子の撮影と校内掲示作成、作業日誌や各種伝票の印刷や綴じ合わせ、各活動の成果数の集計と報告のための校内掲示等を行うことで、作業班内でも活動の幅が広がっています。給食配膳は上手でも、事務的活動ではミスが多い、文房具の使用に慣れていない、指示された通りに備品や道具が使えないといった生徒個々の課題も一緒に活動する中で気づき、活動マニュアルの改善や、「どこでつまずいているのか」と適切な支援方法を考え出すきっかけになっています。小さなことでも問題が起こったら改善を積み重ね、個別の対応と支援を行い、作業スキルの向上を図っていきます。

　事務的活動では、関係者との相談や交渉など適切なコミュニケーション能力やマナーの向上、

活動を受託するための活動、完成品の納品に際して期日や期限を厳守することなど、社会で必要とされる様々な判断力・能力の育成に向けても取り組んでいます。

　多くの職場において事務的な活動が必要とされます。まだまだ発展途上ですが、今後も生徒にとってふさわしい活動内容を考え、その充実をより一層図っていきたいと考えています。


## ⑥ 毎日の活動の中での「エコ・リサイクル」への取組みについて

　社会の情勢や考え方に沿った日々の活動の実践のために、下記の視点を記載した用紙を生徒にも配布し、分かりやすく説明を行い、活動全般に関わることとして意識づけを行っています。作業日誌にも気をつけるべきことの項目として記載し、質の高い活動を行っていくための一つの大事なテーマとして取り組むことを共通理解しています。

---

作業学習の中では、「エコ・リサイクル」やモノを大切にする心をテーマに活動を行います。
①リサイクル製品製作
　事務室等から依頼された大中小のリサイクル封筒・メモ用紙の製作を行い、学校へ届けられた封筒類、裏面再利用が可能な用紙などの有効活用を図る。
②紙を無駄にしない名刺・製品製作
　高等部紙工班が牛乳・ジュースパックから作業学習の中で製作した紙製品を有効活用する。そのままでは製品化できないサイズや、薄いものも利用し、紙加工品等の製作を行う。名刺製作後の余った部分も捨てず、紙工班に返却し紙製品として再加工することでリサイクルを行う。
③まとめて洗濯
　ランドリーサービスでは、校内から出る洗濯物をまとめて洗濯する。数枚のタオル等の洗濯のために電気や水を使わないように、少量の洗濯物が出る教室等をこまめに回って集荷する。「倉養ばやし」衣装、高等部生徒用運動会ゼッケンの洗濯とアイロンがけなども同様である。
④校内の清潔な環境づくり
　クリーンサービスでは、正面玄関などの清掃を行うことで校内の清潔に努め、児童生徒・教職員がきれいな環境で過ごせるよう一つの役割を担う。清掃のための洗剤や水なども適量を使用し、日々の活動でもゴミを少量化する取組みを行う。
⑤モノや道具を大切に
　備品や道具の管理をしっかり行い、活動の中で正しく使用することや、受注品も含めモノを大事に扱うことを考えながら活動する。また、活動場所の整理整とん、清潔な状態を保ち汚さないことなど、衛生管理面をしっかり意識しながら活動を行う。

---


## ⑦ 毎日記載する作業日誌の改善について

　平成20年度、作業日誌は次ページの形式（Ａ４判）を使っています。社会の中で使用されている業務日誌に準じた形で作成したもので、短い時間で考えながら効率的に記入できる形式です。その月の作業内容によっては２名の担当教員の元へ提出しなければならない生徒もいますが、書きやすいということで丁寧に記入し提出しています。

今年度の流通サービス班の生徒は、全員が日常的な文章を書く力を身につけています。そのため「〇△×」の記載方式は採らず、文章で書く形式を取り入れています。また、「二十項目の観点」を作業日誌下部に記載しています。この観点は、活動を進めていく上での観点でもあり、日々の反省をする上での観点ともなっています。

記載した内容をみんなの前で発表するなど、全体確認会の充実も今後は取り組んでいきたいと考えています。記載内容を充実させるため、書く時間の確保が課題として挙げられます。

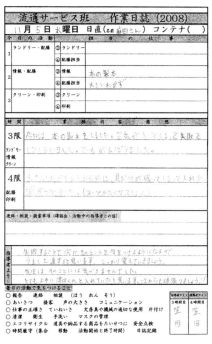

生徒記入例

## 8 活動の成果と課題について

「十分に人に喜んでもらえること」がサービスを提供する側として大切であり、その積み重ねが「生徒の意欲や達成感を最大限に高める」と活動を通じて感じています。「こんな活動をすると喜ばれるのでは」との生徒の一言から始まった取組みや、活動内容の改善もあります。

製本を中心に事務的活動やその考え方を紹介しましたが、学校内を見渡すことで事務的活動のアイデアや可能性は「無限大に広がる」ものです。製品完成を活動の目的としないことで、様々な取組みを行うことができます。しかし、安定した仕事量を確保していくことは常に課題となっています。適切な支援と経験を積むことで、早く正確に作業を行うことが可能となるため、作業時間に見合った活動の事前準備、新しい活動の場合は活動マニュアルの作成もしておく必要があります。

社会は常に動いています。社会の動きの変化と学校での活動に大きな違いがあっては、生徒の進路を見据えた作業学習とは言えません。初年度から「毎日記載、毎日前進」として「①今日の活動と新しくできたこと、②生徒の活動の様子や発言、③指導者が気付いたこと、④次の日の活動内容、⑤準備すること」を記録してきました。生徒が日誌を記載することが大切であれば、指導者も毎日の活動記録をしっかり残す必要があります。記録しながら考えることができますし、その地道な積み重ねが、日々の迅速な活動の工夫と改善、高いレベルの課題の達成、就労へと向かう生徒の活動の領域や可能性の拡大につながっていくと考えています。

2学期の終業式、全校生徒の前で1人の女子生徒が「2学期にがんばったこと」の報告を行いました。その一つは作業のクリーンサービスで職員室前のトイレ掃除をがんばったという内容で、担当者としてうれしく報告を聞くことができました。生徒のやる気やがんばる姿勢を第一に尊重し、今後も生徒たちと新たな挑戦を続けていこうと考えています。

# 編 集 後 記

　キャリア教育の取組みにおいては、社会の仕組みや自己と社会の関係を理解できるように支援することが大切です。したがって、学校だけの実践にとどまらず地域や企業、関係諸機関との連携協力が欠かせません。今回のキャリアトレーニング事例集II「事務サービス」編で取り上げた事例は、様々な形で地域や企業、関係諸機関等との連携協力が行われており、大変参考になるものばかりでした。

　例えば、香川県立香川中部養護学校のメール関係事例では、実習先や卒業生が勤務している事業所や特例子会社からのフィードバックによって、作業学習の展開や支援方法の改善に大きな成果をあげていました。東京都立七生特別支援学校の文書入力の事例では、独立行政法人高齢・障害者雇用支援機構障害者職業総合センター研究部門との連携が、学習内容の構築はもとより、学習の効果測定についても大きな役割を果たしていました。また、東京都立中野特別支援学校の文書管理の事例では、リサイクルシステム「ReCo（レコ）」への参加をとおして、リサイクル業者との連携を実現し、社会との関係を作業学習をとおして理解することができるようになっていました。

　このように、各校で様々な工夫を凝らして、「事務サービス」系の作業学習が展開されております。この事例集が、各特別支援学校で活用され、キャリアトレーニングのモデルとして、生徒のキャリア発達に資するとともに生徒の可能性を十分に引き出せるような授業作りに活かされることを願います。

　最後に事例集作成にあたりましては、ご執筆いただいた皆様、実践事例集にご協力くださった学校の関係者の皆様に厚く感謝申し上げます。

全国特別支援学校知的障害教育校長会

事務局　堀内　省剛

# 執 筆 者 一 覧

全国特別支援学校知的障害教育校長会・キャリアトレーニング編集委員会
編集委員長　宮崎英憲　東洋大学文学部教授
編 集 委 員　尾崎祐三　東京都立南大沢学園特別支援学校長・全知長会長
　　　　　　引間宗人　東京都立葛飾特別支援学校長・全知長事務局長
　　　　　　横倉　久　東京都立田園調布特別支援学校長・全知長事務局次長
　　　　　　堀内省剛　東京都立しいの木特別支援学校長・全知長事務局

キャリアトレーニングに関する論説
箕輪　優子　横河電機株式会社　ＣＳＲ推進本部　社会貢献室
　　　　　　（文部科学省中央教育審議会初等中等教育分科会教育課程部会　特別支援教育専門部会　委員）
緒方　直彦　東京都教育庁都立学校教育部特別支援教育課　指導主事

事務サービスに関する事例
淀谷　　将　香川県立香川中部養護学校
平井　　威　東京都立七生特別支援学校
山本　愛枝　山口大学教育学部附属特別支援学校
栗田　　寿　秋田県立ゆり養護学校
田中　裕司　東京都立王子特別支援学校
深谷　純一　東京都立中野特別支援学校
小谷　郁夫　鳥取県立倉吉養護学校

（所属は平成21年3月現在）

カバーデザイン　ATOM STUDIO　小笠原准子
カバーイラスト　小林伸子


卒業後の社会参加・自立を目指したキャリア教育の充実

# キャリアトレーニング事例集II　事務サービス編
## ＜オンデマンド版＞

2021年2月28日　第1刷発行

編　　著　全国特別支援学校知的障害教育校長会
　　　　　キャリアトレーニング編集委員会
発 行 者　加藤　勝博
発 行 所　株式会社ジアース教育新社
　　　　　〒101-0054　東京都千代田区神田錦町1-23 宗保第2ビル
電話番号　03-5282-7183

印刷・製本　株式会社 創新社
○定価はカバーに表示してあります。
○乱丁・落丁はお取り替えいたします。

ISBN978-4-86371-572-1　　　　　　　　　　Printed in Japan